国家出版基金项目
NATIONAL PUBLICATION FOUNDATION

满族语言与文化研究丛书

主编◎郭孟秀　副主编◎长　山

俄藏满文
文献总目提要

E CANG MANWEN WENXIAN ZONGMU TIYAO

王敌非◎著

社会科学文献出版社
SOCIAL SCIENCES ACADEMIC PRESS (CHINA)

黑龙江大学出版社
HEILONGJIANG UNIVERSITY PRESS

图书在版编目（CIP）数据

俄藏满文文献总目提要 / 王敌非著． -- 哈尔滨：
黑龙江大学出版社；北京：社会科学文献出版社，
2020.12（2023.9 重印）
（满族语言与文化研究丛书 / 郭孟秀主编）
ISBN 978-7-5686-0609-7

Ⅰ．①俄… Ⅱ．①王… Ⅲ．①满语－文献－内容提要
Ⅳ．① Z89：H221

中国版本图书馆 CIP 数据核字（2020）第 272685 号

俄藏满文文献总目提要
E CANG MANWEN WENXIAN ZONGMU TIYAO
王敌非　著

责任编辑　宋丽丽　范丽丽
出版发行　黑龙江大学出版社　社会科学文献出版社
地　　址　哈尔滨市南岗区学府三道街 36 号　北京市北三环中路甲 29 号院华龙大厦
印　　刷　哈尔滨市石桥印务有限公司
开　　本　720 毫米 ×1000 毫米　1/16
印　　张　17.25
字　　数　247 千
版　　次　2020 年 12 月第 1 版
印　　次　2023 年 9 月第 2 次印刷
书　　号　ISBN 978-7-5686-0609-7
定　　价　63.00 元

总　序

　　由黑龙江大学出版社联合社会科学文献出版社组织策划的满族语言与文化研究丛书即将出版。丛书荟萃《清代满语文对蒙古语言文字的影响研究》（长山著）、《朝鲜语与满－通古斯语族同源词研究》（尹铁超著）、《满语修辞研究》（魏巧燕著）、《满语借词研究》（哈斯巴特尔著）、《满语认知研究：形态、语义和概念结构》（贾越著）、《俄藏满文文献总目提要》（王敌非著）、《满族社会文化变迁研究》（阿拉腾等著）、《濒危满语环境中的满族祭祀文化》（阿拉腾著）、《满洲崛起对东北少数民族文化认同的影响》（郭孟秀著）、《清代黑龙江地区世居民族交往交流研究》（吕欧著）、《清代东北流人视野中的满族社会生活》（高松著），共十一部力作，是近年来黑龙江大学满学研究院研究成果的集中展现，也是诸位学者"博观而约取，厚积而薄发"的必然结果；同时也体现出黑龙江大学出版社慧眼识金，为满学研究把薪助火的专业精神。在本丛书的十一部著作中，可以归类为满语（通古斯语族）语言学的有五部，可以归类为文化人类学的有四部，另有古籍类一部，民族史类一部。其中涉及满族语言文字方面的内容，笔者并非相关领域专家，无从评价。以下是阅后的几点思考，是为序。

　　首先，是关于满族文化内涵的思考。

本套丛书把内容定位为"语言与文化"，以展示黑龙江大学满学研究院在满族语言文化研究方面取得的优秀成果。阅读这套丛书后，笔者欲从历时和地理空间的角度思考满族文化的内涵，以便更深刻地理解丛书的内容。

尹铁超教授在《朝鲜语与满－通古斯语族同源词研究》一书中，将同源词研究上溯到了中国古代地方民族政权高句丽国的高句丽语和三韩语，把朝鲜语、高句丽语、满－通古斯语族诸语作为比较研究的对象。郭孟秀研究员提出，满族文化研究的内容框架可参考文化哲学三个层面的研究主题，即对文化现象的一般考察，关于文化的社会历史透视，以及关于文化的价值思考。他认为，除了第一个层面外，满族文化研究在其他两个层面都比较匮乏。① 这一观点无疑是正确的，非常有价值的。阿拉腾等在《满族社会文化变迁研究》一书中对满族文化进行了历时的分期。特别重要的是郭孟秀研究员在《满洲崛起对东北少数民族文化认同的影响》一书中对满族文化进行了纵向、历时的思考，将肃慎族系文化作为整体进行分类研究，包括肃慎－挹娄、勿吉－靺鞨、宋金时期女真人、元明时期女真人，研究其文化特征和满洲文化的形成。从历史发展过程的角度思考满族及其先民的文化的形成、演变过程，无疑为我们提供了非常有意义的研究视角。郭孟秀研究员还在满族文化的内涵研究上进行了创新，提出底层文化（渔猎文化）、表层文化（农耕文化）的概念，并首创满洲文化"轴心期"的新观点，即满洲人学汉语、习汉俗是一种文化选择的结果，更是文化有机体生命力的一种展示。对满族人来说，作为核心的渔猎文化与作为次核心的农耕文化在这一时期既存在一种亲和的相互融合的状态，同时又各自保留具有独立特征的文化张力，是文化二元结构的最佳状态，为满洲文化的发展提供了广阔的空间和愿景。此时的满洲文化表现出未特定化和未确定性，处于充满无限可能的"方成"而非"已成"状态，是满洲文化轴心期的重要标志。而在此之前，满学界就已经开始从人类发展史的角度审视

---

① 郭孟秀：《满族文化研究回顾与反思》，载《满语研究》2016 年第 1 期。

满族文化的形成发展过程。在全国"首届满族文化学术研讨会"上，有学者提出满族文化发展的三个阶段，即远古时期、满洲鼎盛时期（努尔哈赤进入今辽沈以后）、中华人民共和国成立以后的满族新文化时期。有学者提出清朝时期满族文化的四个类型：留守型文化、屯垦型文化、留守与驻防交叉型文化、驻防型文化。驻防型文化层次最高，留守、屯垦型文化保留传统内容较多。[①] 但此次研讨会以后，从人类发展史的角度和自然地理空间的角度研究满族文化的成果还是较少。而满族语言与文化研究丛书的出版，将会成为帮助我们更加全面地了解满族文化内涵的重要资料。

中国远古的文化，由于处于相对封闭的自然地理空间而呈现出独立发展的地域土著特征，很少受到族系外民族的冲击和干扰，形成了自身的半闭环的交流循环体系，黑龙江流域便是中国相对封闭的自然地理空间中的重要一环。黑龙江流域以北是不太适合远古人类生存的，外兴安岭南缘只发现了零星的新石器遗址，而在黑龙江流域内，新石器文化的遗存才开始密集、丰富起来。在满族先民生存的黑龙江下游流域以及乌苏里江、松花江下游流域，其北部是没有外敌存在的，而其东部是大海，只有西部和南部面临着濊貊－夫余族系的威胁，即夫余和高句丽。在公元 7 世纪前，肃慎族系与濊貊－夫余族系间形成了弱平衡关系，在长期的历史发展过程中塑造了具有独特地域特征的文化，即北东北亚类型的渔猎文化。而一旦离开这一具有独特自然地理特征的区域，就会发生文化类型的明显演变。笔者认为，在远古时期，自然地理状况对人类社会的发展进程起到决定性的影响，几乎所有的文明古国都不曾脱离这一规律。古埃及、古巴比伦、古印度文明的发生区域有一个共同的因素，即大河、平原和适合于旱地农业发展的环境。这些文明古国自然地理空间的开放性导致了其文明的中断，而相对封闭的地理空间环境则成为中国古代文明绵延不断的有利条件之一。中国古代文明的发生因素同样是大河（黄河）、平原，黄河从上游至下游流经宁夏平原、河套平原、汾渭平原、华北平原，特别是汾渭平原和

---

① 周凤敏：《"首届满族文化学术研讨会"综述》，载《满族研究》1990 年第 1 期。

华北平原，作为古中国文明的发生地域，远古农业十分发达。据考证，这些地方距今五千年左右出现青铜器，距今三千多年出现象形文字——甲骨文。这些条件与其他三个文明古国有相似之处，即适合远古农业发展的大河、平原，以及象形文字和青铜器。

历史事实证明，黑龙江干流流域不适合旱地农业的发展，若不脱离这一区域便不可能进入古代的文明社会，而是长期滞留于原始的氏族－部落社会。比如，东胡族系的鲜卑人和契丹人在脱离这一区域南下直至中原后，才有机会进入到奴隶制社会，最终进入到封建社会；蒙古族脱离这一区域到漠北草原后才进入到奴隶社会。而那些没有机会脱离黑龙江干流流域的诸氏族部落，比如埃文基人（鄂伦春、鄂温克人）、那乃－赫哲人、乌尔奇人、乌德盖人、尼夫赫人、奥罗奇人、奥罗克人等25个土著"民族"，则根本没有机会脱离氏族－部落社会。因此，我们可以把满族的传统文化划分为四种类型：第一种类型是没有脱离黑龙江干流下游流域、乌苏里江流域、松花江干流下游流域的满族先民的文化，他们仍然处于氏族－部落社会，狩猎、捕鱼是其文化的核心特征，比如肃慎、挹娄、勿吉、靺鞨的大部分及生女真、野人女真等；第二种类型是源自黑水靺鞨的女真人建立金朝后形成的该时期的女真文化；第三种类型是以粟末靺鞨为主建立的渤海国的文化，粟末部是夫余人和勿吉人融合形成的，《旧唐书》记载为"涑沫靺鞨"或"浮渝靺鞨"①，受夫余人影响，粟末靺鞨文化具有鲜明的中原文化特征；第四种类型就是女真－满洲－满族文化，简称满族文化，建立清朝的核心是建州女真，其主要部落胡里改部的源头是黑龙江下游以北的乌德盖部落，逐步迁移至松花江中游（今依兰县）。元末明初，胡里改部和斡朵里部先后南迁，开启了满洲族的历史，也创造了满洲族文化。分析这四种类型的文化我们发现，渤海文化、女真文化、女真－满洲－满族文化之间并没有继承关系，而是表现出明显的差异性，它们的共同点是其源头都与黑龙江下游的原始部落相关，在恶劣的自然环境下形

---

① 刘昫等：《旧唐书》第05部，陈焕良、文华点校，岳麓书社1997年版，第991、992页。

成的剽悍、刚烈和无所畏惧的精神，或许就是它们文化共同性的体现。所以，如果我们用"肃慎－满洲族系"文化来命名满族及其先民的文化的话，其特点则是多样性中蕴含着共同性，且多样性超过其共同性。满族文化包括满族先民的文化（黑龙江下游流域的氏族－部落文化、渤海文化、建立金朝的女真文化）、满族传统文化和革命文化、社会主义先进文化。满族的传统文化处于濒危状态，但满族的现代文化（社会主义先进文化）则正处于形成、发展的过程中，而且必然是综合性的、复合型的新文化。不能将满族现代文化的形成发展视为"汉化过程"，因为这完全违背了中国历史的发展过程。新石器时代的六大文化区系①和六大文化区②，以及先秦时期华夏"中国"的"天下"中夷夏分布、交错杂居的事实，包括秦、楚、吴、越等融入华夏的历史，这些都说明是各民族共同创造了华夏文化。满族现代文化的建设处于中华现代文化建设的范围中，表现为核心文化（中华文化核心价值观、精神力量）的统一和表层、深层文化（满族文化）多样性的统一。中国其他各民族的文化同样处于现代文化的重塑过程中。

其次，是关于满族文化濒危问题的思考。

所谓"濒危文化"包括物质的、非物质的正在消失的文化，而且是不可逆转地即将消失的文化。既然是濒危的文化，其所依存的人文条件和自然地理条件就都已经处于消失的过程中，所以，濒危文化不具有传承性，因为文化的本体内涵和形式都已经经历了长期的变异过程，失去了传播的功能性基础。濒危文化的原始内涵是不可复原的，因为其最核心的文化内涵已经不复存在。比如现在东北地区还存在一些"活态"的萨满祭祀仪式，但无论是规模还是功能都区别于以往。在本套丛书中，《清代满语文对蒙古语言文字的影响研究》《朝鲜语与满－通古斯语族同源词研究》《满语修辞研究》《满语借词研究》《满语认知研究：形态、语义和概念结构》

---

① 苏秉琦、殷玮璋：《关于考古学文化的区系类型问题》，载《文物》1981 年第 5 期。
② 严文明：《中国史前文化的统一性与多样性》，载《文物》1987 年第 3 期。

《濒危满语环境中的满族祭祀文化》，均属于濒危文化研究的范畴。"黑龙江省富裕县三家子村、孙吴县四季屯等一些满族村屯中还有十几位满族老人能够较为熟练使用满语，满语口语即将彻底退出历史舞台。对基础满语语法、满语修辞、满语与锡伯语比较等方面的研究，是在书面语的层面对满语所做的继承与保护，这项工作可以让满族语言作为满族文化的一部分存续下去。"这是本套丛书立项报告中的表述，笔者深以为然。满族濒危文化严格表述应为"满族濒危传统文化"，即将退出社会功能的是过去的文化，而满族新的文化即社会主义先进文化正处于建设过程中，因此从整体视角看，满族文化不存在濒危的问题，而是在发展中出现了变迁。《满族社会文化变迁研究》就是从这个视角进行的研究，非常具有现实意义。

基于上述认识，笔者个人的观点是要重视满族濒危传统文化的资料库建设（文字记载、影像资料制作、博物馆展示建设等）和专业化研究，做好这些工作的基础是有效的精英人才培养机制，如黑龙江大学开展的满族语言文化方向的本科生和研究生培养工作，就是很有远见的举措。满族优秀的传统文化是中华文化的组成部分，我们有责任，更有能力，对其进行深入、系统的研究。

再次，是关于满族语言与文化研究重要价值的思考。

郭孟秀研究员认为，目前针对满族文化价值方面的研究是比较匮乏的，该观点抓住了满族文化研究存在的突出问题。满族及其先民创造了恢宏而又多样的优秀民族文化，诸如渤海文化、女真文化和女真－满洲－满族文化，是中国古代北方地区最具影响力的少数民族文化，对中华文化的发展做出了杰出贡献。从我国旧石器晚期到新石器早期的人类发展状况来看，中原地区并不总是走在前面，先进的文明也并不都是从中原向四周扩散。比如距今约八千年的阜新查海文化的玉器，距今五六千年的红山文化的庙、祭坛、塑像群、大型积石冢、玉猪龙等成套玉器，都说明苏秉琦先生认为中华文明"满天星斗"的观点是正确的。至少在某一个时期内，中原地区还未发现"具有类似规模和水平的遗迹"而走在前面的文明，当然，这并不影响中原地区作为古中国文明核心区域所起到的引领作用。东北地区史前文化的顶峰显然是前红山－红山文化，它作为华夏文化的边缘和"北狄"文化的腹地，成为中华文化向东北地区传播的枢纽和通道，最先受到影响的是濊貊－夫余族系，而后是东胡族系，最后受影响的肃慎－满洲族系却创造了三种类型的文化，从公元7世纪末开始间断影响中国北部一千多年，是少数民族文化与中华文化融合的典型范例。满族先民所创造的这些优秀文化对中华文化的贡献没有得到学界应有的重视，研究成果较少，这是非常遗憾的。应该特别重视女真人两次入主中原、粟末靺鞨人建立"海东盛国"渤海的文化因素研究，以及这些满族先民的文化向中原文化靠拢的原因，这些都是满族文化价值研究的重要课题，但不限于此。"满族缔造的清朝，持续近三百年，对中华民族的近现代历史与文化都产生了重要的影响。因此，从中华民族文化大局的角度研究满族文化具有重要的历史意义与现实意义。"这是本套丛书的重要意义和价值所在。

丛书中《满洲崛起对东北少数民族文化认同的影响》《清代满语文对蒙古语言文字的影响研究》《清代东北流人视野中的满族社会生活》《清代黑龙江地区世居民族交往交流研究》四部著作对满族文化的价值进行了探讨。后金－清政权在入关前，分别发动了对蒙古、赫哲、索伦等族的一系列统一战争，建立了牢固的同盟关系，稳固了后方，同时进一步将中华文化传播到这些地区。通过清朝的统治，东北少数民族逐步接受中华文化并且开始认同中华文化，有一个重要的途径就是通过接受、认同满洲文化来渐次接受、认同中华文化，满洲文化"中华化"的过程使得中华文化在东北少数民族中的传播和影响更为深入、稳固，这是满族文化对中华文化历史建设的重要贡献。当然，这一贡献并不局限于东北地区，还包括中国其他的少数民族地区。

在先秦时期，"天下观"中存在"教化天下"的内涵，自秦朝始，"教化天下"演化出中央与边疆之间"因俗而治"、羁縻制度、土司制度以及朝贡－封赏等多种形式的政治关系，实则是"教化观"外溢扩展的结果。先秦时期"教化天下"不等于华夏"中国"实际控制的"天下"，带有礼治的想象成分，两种"天下"合二为一实现于清朝。也可以这样认为：满洲文化的"中华化"使得先秦时期想象的"天下"和"教化天下"在清朝统一于实践的"天下"。"大一统"的理想之所以能够在清朝实现，文化一统是重要的条件，而在这一过程中，满洲文化"中华化"的贡献是关键因素，其当然成为满族文化价值研究的重要内容。

在满族文化中，语言文字具有重要而独特的学术研究价值。《俄藏满文文献总目提要》等著作就是这方面的研究成果。满文古籍文献包括档案、图书、碑刻、谱牒、舆图等，数量居55个少数民族文字古籍文献之首。"清代，特别康熙、雍正、乾隆三朝，大量公文用满文书写，形成了大量的满文档案。用满文书写印制的书籍档案资料，及汉文或别种文字文献的满译本，构成了满文文献的全部。"此外，中国第一历史档案馆所藏满文文献，就有一百五十万件左右。辽宁、吉林、黑龙江、内蒙古、西藏、北京等省、市、自治区的档案部门或图书馆，中央民族大学、北京大学等大学的图书馆，以及中国社会科学院民族学与人类学研究所等研究机构的图书馆，均藏有满文文献。北京、沈阳、台北是我国三大满文文献收藏宝库。由于历史变迁等一些举世周知并令人难忘的原因，我国珍贵的满文文献还流散在世界各地，如日本、韩国、俄罗斯、英国、美国等地。① 比如，日本有镶红旗文书（从雍正至清末）资料2402函。1975年，美国国会图书馆藏有满文文献8916册。因此，我国必须培养一批相当数量的满语言文字方面的专业人才，翻译和研究浩如烟海的满文文献，与其他文字的文献对照、补充，还原更加真实、完整的清朝历史与文化，寻觅无文字民族的历史与文化的面貌，其价值自不待言。本套丛书中满语言文字研究方面的著作，就属于这类成果。

最后，是关于满族文化与中华文化关系的思考。

在《满洲崛起对东北少数民族文化认同的影响》一书中，郭孟秀研究员认为东北少数民族对中华文化认同的形成过程，是通过对国家政权的认同发展到对满洲文化的认同，再由此升华到对中华文化的认同。这是非常

---

① 富丽：《满文文献整理纵横谈》，载《中央民族学院学报》1984年第3期。

新颖而有创意的观点。笔者认为，在这个过程中，满洲文化的逐步"中华化"是影响清朝各民族对中华文化产生认同的关键因素。李大龙教授认为，"建立清朝的满洲人则不仅没有回避其'东夷'的出身，反而在天子'有德者居之'旗号下对魏晋以来边疆政权对'大一统'观念继承与发展的基础上有了更进一步发扬，目的是在确立满洲及其所建清朝的'中国正统'地位的基础上实现中华大地更大范围内的'大一统'"①。"大一统"观念自秦朝开始拓展其内涵，从单纯的华夏"中国"统治的合法性、正统性，逐渐形成中央王朝文化一统、政治一统、疆域一统、族系一统等内涵的综合概念，其中，文化一统是实现其他"大一统"的基础。所以，清朝统治者在顶层文化上推行以儒家思想为基础的中华文化，在基础层文化上采取"修其教不易其俗，齐其政不易其宜"②的政策，既包容差异，又实现了中华文化核心价值的统一。在这一过程中，满族文化必然向"中华化"的方向发展，因为文化政策必须服从于统治的合法性和稳定性。

研究满族文化与中华文化的关系，首先要知道什么是中华文化。习近平总书记对此指出："我们灿烂的文化是各民族共同创造的。中华文化是各民族文化的集大成。"③ 在 2021 年的中央民族工作会议上，习近平总书记又指出："要正确把握中华文化和各民族文化的关系，各民族优秀传统文化都是中华文化的组成部分，中华文化是主干，各民族文化是枝叶，根深干壮才能枝繁叶茂。"④ 满族的优秀传统文化亦是中华文化的组成部分，中华文化认同是由包括满族文化在内的各民族文化认同的基础文化层级和中华文化认同的国家文化层级组成的，基础文化层级不应具有政治属性，而国家文化层级则必然具有政治属性。中华文化认同是在认同中华各民族

---

① 李大龙：《农耕王朝对"大一统"思想的继承与发展》，载《云南师范大学学报（哲学社会科学版）》2020 年第 6 期。

② 《礼记·王制》，见杜文忠：《王者无外：中国王朝治边法律史》，上海古籍出版社 2017 年版，第 72 页。

③ 《习近平：在全国民族团结进步表彰大会上的讲话》，新华网，2019 年 9 月 27 日。

④ 《习近平在中央民族工作会议上强调 以铸牢中华民族共同体意识为主线 推动新时代党的民族工作高质量发展》，新华网，2021 年 8 月 28 日。

文化形成和发展历史的基础上，对中华顶层文化的价值观、精神的认同，或者说顶层文化已经属于国家文化的范畴，每个民族的文化认同都不能与之等同，每个民族的文化都不等同于中华文化。这就厘清了满族文化与中华文化的关系，即枝叶与主干的关系，基础层级与顶层（国家文化）的关系。这一认识应该成为开展满族文化研究的原则，也就是说既不能把满族文化的研究政治化，也不能认为开展满族传统文化研究和发展满族现代文化就有害于中华文化认同，就与极端的、狭隘的民族主义有联系。开展满族文化研究与发展满族现代文化是中华文化建设的一部分，不影响中华文化共同性的增进，包容和尊重差异的共同性才会更有生命力和凝聚力。正常的差异并不会成为中华文化建设的障碍，处理得当，反而会成为动力。

满族语言与文化研究丛书的出版，体现了上述四个思考中提到的理念，笔者期盼更多此类研究成果涌现。

中国民族理论学会副会长，

延边大学、黑龙江大学兼职教授、博导，都永浩

总 导 言

　　满族（满洲）既是一个历史民族，也是一个现代民族，独特的发展历程铸就了其别具一格的文化特质，使之成为中华文明大花园的一朵奇葩。形成于明朝末年的满洲民族共同体，素有"马背上的民族""引弓民族"之称。满族族源可追溯至商周时期的肃慎，汉至两晋时期的挹娄（肃慎），北魏时期的勿吉，隋唐时期的靺鞨，宋、元、明时期的女真等均为肃慎后裔，也是满族的先世。这些部族长期繁衍生息于我国东北的"白山黑水"之间，在军事、政治、社会、文化上都创造了辉煌的成就，对中华民族文化的形成发展影响重大，意义深远。正如著名社会学家、人类学家费孝通先生所言，中华民族是由56个民族构成的多元一体，各民族文化的多样性构成了中华文明的丰富性。因此，研究满族语言及其历史文化具有重要的学术价值与现实意义。

　　全国唯一专门的满语研究机构——黑龙江省满语研究所自1983年成立以来，本着"把科研搞上去，把满语传下来"的办所宗旨，组建了国内第一个满语研究团队。自20世纪80年代以来，黑龙江省满语研究所充分利用地缘优势，连续对日趋濒危的满语进行抢救性调查，采用录音、录像等现代化手段，对黑河地区、齐齐哈尔地区和牡丹江地区仍然能够使用满语的满族老人进行连续性跟踪调查记录，完整保存活态满语口语原始资料。

近年来，抢救性调查范围拓展至赫哲语、鄂伦春语、鄂温克语、那乃语与锡伯语，搜集了较为全面丰富的满－通古斯语族诸语言调查资料。此外，黑龙江省满语研究所对满语语音、语法、词汇等基本理论问题展开了系统的分析研究。

1999 年 11 月，黑龙江省满语研究所整建制迁入黑龙江大学，组建黑龙江大学满族语言文化研究中心，研究领域由单一满语拓展至满族历史与文化，并利用黑龙江大学的人才培养机制，陆续创建与完善中国少数民族语言文学（满语）学士、硕士与博士三级学位培养体系，目前共培养满语本科、硕士、博士毕业生近 170 人。中国少数民族语言文学（满语）专业培养了大量的满语专业人才，毕业生多于满文档案保管机构从事满文档案整理与研究工作。2019 年 6 月，为适应学科建设发展需要，满族语言文化研究中心正式更名为满学研究院，标志着黑龙江大学满学学科建设迈上一个新台阶，成为集满语满学研究、满语人才培养、满族文化传承于一体的教学科研机构。经过几代人的努力，黑龙江大学满学研究团队以学科特色鲜明、学术积淀厚重、学科体系完善、学术研究扎实而享有一定学术声誉和社会影响力。

满族语言与文化研究丛书拟出版的 11 部专著即为满学研究院科研人员的近期学术成果。其中以满语研究为主题的成果 4 部，哈斯巴特尔《满语借词研究》，长山《清代满语文对蒙古语言文字的影响研究》，贾越《满语认知研究：形态、语义和概念结构》，魏巧燕《满语修辞研究》；以亲属语言比较研究为主题的 1 部，尹铁超《朝鲜语与满－通古斯语族同源词研究》；以满文文献研究为主题的 1 部，王敌非《俄藏满文文献总目提要》；以满族历史文化研究为主题的 5 部，阿拉腾《濒危满语环境中的满族祭祀文化》，郭孟秀《满洲崛起对东北少数民族文化认同的影响》，阿拉腾等《满族社会文化变迁研究》，吕欧《清代黑龙江地区世居民族交往交流研究》，高松《清代东北流人视野中的满族社会生活》。丛书研究既涉及基础理论问题，又涵盖以问题为中心的专题探讨；研究主题多偏重于历史范畴，亦有基于田野调查的现实问题研究。

这批成果是黑龙江大学满学研究院的教学科研人员经过一定时期的积累，秉持严谨的态度所推出的原创性成果。但是，学无止境，受自身专业与研究能力限制，相关研究或许还存在一些局限与不足，希望得到学界师友批评指正。

满语文已经退出或者说正在淡出历史舞台，不再具有现实应用性的交际交流功能。因而，满语文研究，乃至以满语文研究为基础的满学研究已经成为"具有重要文化价值和传承意义的绝学冷门学科"。在现代语境下，抢救保护与开发研究少数民族语言文化是一项意义重大而充满艰辛的事业，需要学术工作者坚持严谨的学术操守，抵制急功近利的诱惑，甘于"板凳要坐十年冷"的寂寞，同时更需要社会各界的大力支持与积极参与。

满族语言与文化研究丛书的出版要特别感谢香港意得集团主席高佩璇女士。自 2009 年开始，高佩璇女士从中华民族传统文化传承与保护的高远视角，先后出资 700 余万元资助黑龙江大学与香港大学饶宗颐学术馆合作开展"满族文化抢救开发与研究"项目。该项目旨在对现存活态满族文化进行抢救性调查与挖掘，对现存满文档案开展整理翻译与研究开发，以加强后备人才培养，拓展深化满族语言与历史文化研究。德高望重的国学大师饶宗颐先生大力倡导这一功在当代、利在千秋的民族文化事业，并为项目亲自题写牌匾"满族文化抢救开发与研究"。高佩璇女士以黑龙江省政协常务委员身份，多次撰写建议提案，向各级领导及社会呼吁关注支持满学研究与满族文化事业，并得到省委、省政府、省政协领导的重视与批示，彰显了深切的民族情怀与企业家的担当奉献精神。香港大学饶宗颐学术馆馆长李焯芬教授、副馆长郑炜明教授等在项目论证和实施中开展了大量细致工作。经过项目组成员十余年的努力，目前项目第二期即将结项，此次出版的 11 部专著即为该项目第二期的部分成果。在此谨向令人敬仰与怀念的饶宗颐先生（已故）致以敬意，向高佩璇女士等支持关注满学事业的社会各界仁人志士表示由衷感谢。

满族语言与文化研究丛书出版之际，还要感谢黑龙江大学领导及黑龙江大学重点建设与发展工作处的大力支持。感谢黑龙江大学出版社的帮助，正是在他们的努力下，本丛书得到了国家出版基金的资助；他们对所有选题进行认真审核，严把意识形态关，并邀请相关领域专家对每部专著内容予以审读，提出修改建议，大大提升了学术成果的严谨性。部分论著涉及满语文及音标，给录入排版造成了一定困难，幸有诸位编辑不辞辛苦，认真校对，保证内容的规范与质量，在此一并致谢！

黑龙江大学满学研究院院长，

博导、研究员，郭孟秀

目　录

序　一……………………………………………………………001

序　二……………………………………………………………007

凡　例……………………………………………………………009

一、经　部………………………………………………………011

二、史　部………………………………………………………051

三、子　部………………………………………………………077

四、集　部………………………………………………………127

参考书目…………………………………………………………141

索　引……………………………………………………………159

　　各单位藏文献索引…………………………………………161

　　文献汉文题名索引…………………………………………187

　　文献满文题名索引…………………………………………201

　　文献俄文题名索引…………………………………………219

　　文献德文题名索引…………………………………………231

　　文献相关人名索引…………………………………………241

　　文献出版机构索引…………………………………………249

后　记……………………………………………………………253

序 一

中国是一个统一的多民族国家，在历史的长河中，各民族都形成了自己独特的文化，同时也丰富和发展了中华文化。满文作为清朝的官方文字，有清一代形成了大量文献，包括图书、档案、舆图、谱牒、碑刻等，是中华民族文化遗产的重要组成部分。

虽然满文文献曾经屡遭毁损，但是其存世数量仍然巨大，按版本计算有 2000 余种，分别保存在国内外 30 余个机构，其中国家图书馆收藏的种类最多，计 900 余种，占存世满文图书种类的 45%。从海外收藏情况来看，日本、蒙古国、俄罗斯、美国、法国、英国等均藏有满文文献，其中，俄罗斯收藏的满文文献的种类最为丰富，俄罗斯是海外满文文献典藏最丰富的国家之一。

俄罗斯是中国的邻邦，与中国交往的历史源远流长。在中俄文化交流方面，清代俄罗斯东正教驻京传教士团发挥了独特作用。从 1715 年至 1917 年"十月革命"爆发的 200 余年的时间内，共有 18 届传教士团，其成员不仅有神职人员，也有世俗人员，世俗人员中有来华学习的留学生，他们被安排在俄罗斯馆学习满语、汉语和经史典籍。俄罗斯东正教驻京传教士团有多重使命，除传教外，还从事外交、商务、文化和情报收集等活动。驻京传教士团成员或者受俄罗斯政府的委托，或者因自身的爱好，经常到北京书市上选购汉文、满文、蒙古文和藏文图书，而且回国时都装箱带走。另外，俄罗斯外交官、传教士、商人、探险家等在中国活动期间，通过各种方式收集满文文献，除一部分作为个人收藏外，其绝大部分都由图书馆、博物馆和科研部门保存。现今俄罗斯收藏满文文献的单位中，俄罗斯科学院东方文献研究所（圣彼得堡）收藏的满文文献最多，计 500 余种；其次是圣彼得堡国立大学东方系图书馆，收藏的满文文献计 400 余种；再次是俄罗斯国家图书馆（圣彼得堡），收藏的满文文献计 90 余种；其余单位收藏的满文文献则比较少，伊尔库茨克大学图书馆收藏满文文献 40 余种，俄罗斯科学院西伯利亚分院（新西伯利亚）收藏满文文献 10 余种，俄罗斯国立图书馆（莫斯科）收藏满文文献 10 余种。

东正教驻京传教士团来华的留学生中涌现出了不少著名的汉学家和满学家，其著述颇丰，这不仅奠定了俄罗斯汉学和满学的基础，同时也推动了国际汉学和满学的发展。如：卡缅斯基随第八届俄罗斯东正教驻京传教士团来华学习满语和汉语，回国后从事学术研究工作，并当选俄罗斯科学院院士，著有《汉满例句详解成语词典》和《蒙满俄拉丁语辞典》等；沃伊采霍夫斯基随第十届俄罗斯东正教驻京传教士团来华学习满语和汉语，回国后任喀山大学首位满语教授，主持创建了满语教研室，并著有《汉满语初学课本》《满语语法规则新释》《〈清文启蒙〉汉满文分析》等；扎哈罗夫随第十二届俄罗斯东正教驻京传教士团来华学习满语和汉语，回国后从事外交工作，曾任俄罗斯驻中国伊宁领事馆总领事，后来在圣彼得堡大学从事满语教学和研究工作，于 1875 年编纂出版了《满俄大辞典》，因而获得俄罗斯地理学会颁发的金质奖章，他于 1879 年编写的《满语语法》成为圣彼得堡大学满语教材。《满俄大辞典》是首部大型满文活字排版印刷的工具书，迄今仍有一定的实用性和学术价值。

俄罗斯的满学家除从事教学和科研外，还重视满文文献的整理编目工作。从 19 世纪初直至 21 世纪，有 10 余种目录问世，主要有：1818 年沃伊采霍夫斯基的《科学院收藏的汉满蒙日韩图书》；1843 年安文公的《亚洲司图书馆汉满蒙藏梵文图籍目录》；1918 年克罗特阔夫编的《俄罗斯科学院亚洲博物馆藏满文文献目录》；1965 年沃尔科娃编的《苏联科学院亚洲民族研究所满文写本叙录》；1986 年雅洪托夫的《列宁格勒大学东方学系藏满文书籍目录》；1988 年沃尔科娃的《苏联科学院东方学研究所满文刻本叙录》；1991 年雅洪托夫、瓦西里耶娃的《萨尔特科夫—谢德林国立公共图书馆满文写本和刻本分类目录》；1994 年雅洪托夫的《伊尔库茨克藏中国文献》；2001 年庞晓梅的《俄罗斯科学院藏满文写本与刻本目录》。这些目录的著录项目和分类编排方式都存在差异，且部分目录是同一单位的藏书目录，缺乏一定的系统性，并且很少著录或描述图书版本的各种特征，属于简录式目录，只反映了书名、作者、卷册及刊刻等方面的信息。

王敌非博士具有语言天赋，勤奋努力，好学上进，在大学英语专业学习期间，兼修德语和俄语，并掌握了语言教学与研究的基本理论方法；2006 年考入黑龙江大学，攻读中国少数民族语言文学（满语）专业硕士学位，系统地学习了满语及其相关知识，为研究满语与满文文献打下了基础；2009 年留校工作，在数年的教学和科研实践中，确定了满文文献的研究方向。为了进一步夯实自身的专业知识和理论水平，2013 年考入黑龙江大学，攻读古籍整理与研究专业博士学位，潜心学习和研究目录学、版本学、校勘学等基础理论和研究方法，广泛收集和整理国内外满文文献方面的著述，创新性地完成了《俄罗斯满文文献典藏研究》学位论文，获得了博士学位，成为目前国内屈指可数的专门从事满文文献研究的博士。

从 2015 年至 2018 年，王敌非博士先后四次赴俄罗斯查阅各图书馆所藏满文文献，收集有关科研成果，以中国古典文献学的理论方法编撰俄罗斯收藏的满文文献目录。

本人从事满文历史文献研究工作四十余年，非常了解历史文献整理编目的艰辛，不仅费时费力，而且要有专业的知识和严谨的学风。经过多年努力，王敌非博士完成了《俄藏满文文献总目提要》一书。由于专业的关系，他到黑龙江大学满族语言文化研究中心工作后，我们相识并成为挚友，不时交流学术信息、心得和成果，并且在编写《中国少数民族古籍总目提要·满族卷》过程中共事，对彼此的学术爱好和志趣都有所了解，故值此《俄藏满文文献总目提要》一书付梓之际，王敌非博士特邀写序，我即欣然允从，并因此有幸提前读到他的新撰，自然十分高兴。

《俄藏满文文献总目提要》是一部比较全面、系统、规范的满文文献目录，也是国际上首部用汉文编撰的俄罗斯满文文献典藏目录，具有显著的特点。一为收录标准严谨，只收录清代形成的满文古籍，其余档案文书、金石铭刻、俄罗斯学者著述等作者另有他撰，而且同一种书收藏多部者也只选其中一部，共收录图书414种，占俄罗斯所藏满文文献总数的38%，虽然在数量上所占比例仅为三分之一，但从图书种类上来看，本目录所收录的图书基本上涵盖了俄罗斯收藏满文文献的全部种类。二为著录项目齐全，收录的每种图书条目，依次有汉文书名、满文书名拉丁字母转写、卷册数目、作者姓名、刊刻时间和版本特征等，同时做了必要的定义性描述和简介性提要。三为分类编排独特，从满文图书的内容来看，除清代编修的刻本、辞书和政书等图书外，大部分都是以满文翻译的汉文典籍，并在雕版印刷工艺方面完全传承了汉文典籍的版本装帧风格。本目录按汉文古籍经、史、子、集四部分类法进行分类排序，其中，经部132种、史部74种、子部168种、集部40种。这符合满文图书基本特点，而且在每一部下没有设置二级类目，力求先按刻本、写本、石印本的顺序，再按成书、刊印、收藏时间顺序进行编排，既遵循了中国古籍的传统分类法，又有其独到之处。四为检索途径多元化，目录属于工具书范畴的图书，除内容外，还应具备便捷的检索途径。本目录在正文后附"各单位藏文献索引""文献汉文题名索引""文献满文题名索引""文献俄文题名索引""文献德文题名索引""文献相关人名索引""文献出版机构索引"7种索引，可以根据不同的需求进行检索查阅，十分方便。

本目录的出版发行，不仅是满学界的一件大好事，而且是中国古籍流传海外史研究领域的一件大好事，有助于对满文历史文献进行全面系统的研究，同时还有助于中俄乃至中西文化交流史的研究。希望王敌非博士继续坚持自己的学术研究方向，充分发挥自身的优势，在满文历史文献研究领域取得更加丰硕的成果。

吴元丰

2020 年 12 月 20 日

序 二

敌非的专著即将出版，他邀我写一篇序言，我实在是有点惶恐。

记得还是在汉语言文字学课堂上课的时候，敌非打来电话，说是想听听我的课。满语研究所的青年教师想来听课，我当然很高兴地应允了。于是我就和这个精通多种语言的小伙子慢慢熟悉了。我听他说过在黑龙江、新疆进行的满语、锡伯语的田野调查工作，也听他提到过《五体清文鉴》和《同文韵统》等著作。后来他考取了中国古典文献学古籍整理与研究方向的博士研究生，我有幸成为他的导师，我们在一起互相学习了三年。

在选博士论文的题目时，敌非与我经过几次交流，最终确定了对俄藏满文文献进行调查、整理与研究这一方向。这既能够发挥敌非的语言特长，又符合中国古典文献学古籍整理与研究专业的要求。从汉代刘向的《别录》到清代《四库全书总目提要》，这些提要目录对我们"辨章学术，考镜源流"起到了巨大作用。但是对于与满文文献研究相关的工作，国内从事的人不多，更不用说对国外满文文献进行研究了。俄藏满文文献很有特色。从俄罗斯东正教驻京传教士团来华传教开始，俄罗斯培养了一代又一代的汉学家，其中很多人不仅能够运用俄语、德语、拉丁语等西方语言，而且能够运用汉语，熟悉满语、蒙古语等清代的八旗"官方"语言。在他们搜集、带走的中国文献中，满文文献是重要的组成部分。对于俄藏满文文献来说，虽然以前有过一些目录，但是其提要目录仍付之阙如，因此对俄藏满文文献进行调查、整理与研究是一项值得去做的工作。

于是，敌非一方面加强对文献的目录、版本理论进行研究，另一方面风尘仆仆地数次奔走于中国、俄罗斯的相关单位进行实地考察和调研。即使在博士论文答辩通过之后，他仍然继续奔走、研究，不断完善这部著作。

我没学过满语，所以在这本书的写作过程中基本上提供不了什么帮助。但是忝为敌非的导师，写序的任务是无法推辞的。仅叙述我与敌非共同学习的经历和敌非付出的努力。

是为序。

李先耕

2020 年 11 月 23 日

◆ ··· 凡 例 ··· ◆

一、本目录分别著录俄罗斯藏满文文献，含原刻本、原写本及俄罗斯传教士或汉学家的复抄本。

二、本目录所收文献为清朝人以满文（含与其他文字合璧）所撰书籍，其余如档案、官私文书、金石铭刻及俄罗斯传教士或汉学家的满文著述不予著录。若各单位藏同书同版文献不止一部，则仅著录其一，详情见书后的"各单位藏文献索引"。

三、本目录著录文献参照"经""史""子""集"四部次第排列，同一部下不再设"类"，详情见书后"各单位藏文献索引"。

四、本目录依照刻本在前、写本（抄本）在后的顺序进行著录。同类图书按照成书或收藏时间顺序排列。同种图书按照版本类别和刊印时间顺序排列。若同种图书不同版本（含内容相同的刻本、写本和抄本）未藏于中国，则以"※"号标识。

五、本目录所录文献以汉文命题，后附满文的穆林德夫式转写。文献题名参照卷端、目录、版口和封面依次选录。原文献有俄文或德文题者照录，详情见书后"文献俄文题名索引"与"文献德文题名索引"。

六、本目录所录文献题下依次著录编写责任人、内容定义、版本定义、版式描写及特殊标记、俄罗斯收藏单位。编写责任人的姓名前括注朝代或国籍，如编写责任人不可考，则标以"佚名"；外国人名后括注原文及生卒年，如外国人名不可考，则从略。版本据内封、牌记、序跋、避讳字诸项而定。部分版本不同、内容相同的文献，如再次出现，不著录内容定义。

七、本目录所涉"※"号文献仅限未见于中国且因内容或版本不同产生的文献。各单位所藏文献索引按照《四库全书》进行分类，其中经部与史部各类依照《四库全书总目》分设，子部与集部各类依照《续修四库全书总目》分设。

八、各单位名称缩写如下：

ИВР РАН-СПб：俄罗斯科学院东方文献研究所（Институт Восточных Рукописей Российской Академии Наук , Санкт-Петербург）

СОРАН-НСб：俄罗斯科学院西伯利亚分院（Сибирское Отделение Российской Академии Наук , Новосибирск）

РНБ-СПб： 俄 罗 斯 国 家 图 书 馆（Российская Национальная Библиотека, Санкт-Петербург）

РГБ-М：俄罗斯国立图书馆（Российская Государственная Библиотека, Москва）

БВФСПбГУ-СПб：圣彼得堡国立大学东方系图书馆（Библиотеки Восточного Факультета Санкт-Петербургского Государственного Университета , Санкт-Петербург）

БИГУ-И： 伊 尔 库 茨 克 大 学 图 书 馆（Библиотека Иркутского Государственного Университета , Иркутск）

НБИГОМ-И：伊尔库茨克国立综合博物馆科学文献部（Научная Библиотека Иркутского Государственного Объединенного Музея, Иркутск）

一、经　部

1.《御制日讲易经解义》（han i araha inenggidari giyangnaha i ging ni jurgan be suhe bithe）十八卷

　　［清］牛钮等撰，《易经》的满文译本，附以据经筵讲义整理而成的解义和注释。康熙二十二年（1683年）内府刻本，线装18册。页面36厘米×23厘米，版框26厘米×18.7厘米。黑口双黑鱼尾，四周双边。满文，半叶7行。版心有满文书题名、页码和卷次。卷前存康熙十九年（1680年）清圣祖御撰《序言》，内容包括《上经》《下经》《系辞》《说卦传》《序卦传》《杂卦传》等。

　　БВФСПбГУ-СПб

2.《御制翻译易经》（han i araha ubaliyambuha jijungge nomun）四卷

　　［清］高宗敕译，占卜书《周易》的满文译本，又题《周易》（jeo gurun i jijungge nomun）、《易经》（i ging）。乾隆三十年（1765年）武英殿刻本，线装4册。页面24.1厘米×15厘米，版框18.5厘米×14厘米。白口单黑鱼尾，四周双边。满汉合璧，半叶满文、汉文各6行。版心有汉文书题名、卷次和页码。卷首存《御制序言》及河南程颐《前言》。包含

卦辞和爻辞共 10 篇，分卷一《易经》（含程颐撰《周易序》《周易图》《朱子图说》和朱熹撰《周易上下篇义》）、卷二《上经》、卷三《下经》和卷四《易经》。

ИВР РАН-СПб　БВФСПбГУ-СПб

3.《御制日讲书经解义》（han i araha inenggidari giyangnaha šu ging i jurgan be suhe bithe）十三卷

〔清〕库勒纳等撰，《书经》的满文译本，附以据经筵讲义整理而成的解义和注释。康熙十九年（1680 年）内府刻本，线装 13 册。页面 26 厘米 ×17 厘米，版框 18.3 厘米 ×14.5 厘米。黑口双黑鱼尾，四周双边。满文，半叶 7 行。版心有满文书题名、页码和卷次。卷首存库勒纳等《进呈疏》和库勒纳、叶方蔼等编刻、翻译人员官衔名。

ИВР РАН-СПб　БВФСПбГУ-СПб

4.《御制日讲书经解义》（han i araha inenggidari giyangnaha šu ging i jurgan be suhe bithe）十三卷 ※

〔清〕库勒纳等著。康熙十九年（1680 年）武英殿刻本，线装 13 册。页面 26 厘米 ×17 厘米，版框 18.3 厘米 ×14.5 厘米。黑口双黑鱼尾，四周双边。满文，半叶 9 行。版心有满文书题名、卷次和页码。

ИВР РАН-СПб　БВФСПбГУ-СПб

5.《御制翻译书经》（han i araha ubaliyambuha dasan i nomun i bithe）六卷

〔清〕高宗敕译，儒家伦理著作《书经》的满文译本。乾隆二十五年（1760 年）瑞锦堂刻本，线装 4 册。页面 25 厘米 ×16.5 厘米，版框 18.8 厘米 ×14 厘米。白口单黑鱼尾，四周双边。满汉合璧，半叶满文、汉文各 7 行。版心有汉文书题名、卷次和页码。

ИВР РАН-СПб

6.《御制翻译书经》（han i araha ubaliyambuha dasan i nomun i bithe）六卷

　　［清］高宗敕译。乾隆二十五年（1760年）武英殿刻本，线装4册。页面25.5厘米×16.5厘米，版框19.5厘米×13.8厘米。白口单黑鱼尾，四周双边。满汉合璧，半叶满文、汉文各7行。版心有汉文书题名、卷次和页码。

　　ИВР РАН-СПб

7.《御制翻译书经》（han i araha ubaliyambuha dasan i nomun i bithe）六卷

　　［清］高宗敕译。乾隆二十五年（1760年）文盛堂刻本，线装4册。页面22.5厘米×16厘米，版框18.5厘米×14厘米。白口单鱼尾，四周双边。满汉合璧，半叶满文、汉文各7行。版心有汉文书题名、卷次和页码。

　　БВФСПбГУ-СПб

8.《御制诗经》（han i araha ši ging ni bithe）二十卷[①]

　　［南宋］朱熹集注，［清］世祖敕译，诗歌总集《诗经》的满文译本，又题《钦定诗经》（hesei toktobuha ši ging ni bithe）。顺治十一年（1654年）内府刻本，线装10册。页面31.5厘米×18.5厘米，版框22.8厘米×17.3厘米，黑口双黑鱼尾，四周双边。满文，半叶6行，小字双行。版心有满文书题名、页码和卷次。

　　ИВР РАН-СПб　БВФСПбГУ-СПб

---

① 杨一男：《清代八旗文人〈诗经〉接受研究》，中央民族大学博士学位论文，2019年。

9.《新刻满汉字诗经》（ice foloho manju nikan hergen i ši ging）六卷①

［南宋］朱熹集注，［清］佚名译。顺治十一年（1654 年）听松楼刻本，线装 6 册。页面 25.5 厘米 ×16 厘米，版框 22.8 厘米 ×15 厘米。白口单黑鱼尾，上下单边，左右双边。满汉合璧，半叶满文、汉文各 5 行。版心有汉文书题名、卷次和页码。

ИВР РАН-СПб

10.《御制翻译诗经》（han i araha ubaliyambuha irgebun i nomun）八卷②

［南宋］朱熹集注，［清］高宗敕译。乾隆三十三年（1768 年）武英殿刻本，线装 4 册。页面 26.5 厘米 ×17 厘米，版框 19 厘米 ×14 厘米。黑口双黑鱼尾，四周双边。满汉合璧，半叶满文、汉文各 7 行，小字双行。版心有满文书题名、页码和卷次。卷首存《序言》。

БВФСПбГУ-СПб

11.《御制翻译礼记》（han i araha ubaliyambuha dorolon i nomun）三十卷

［西汉］戴圣编撰，［清］高宗敕译，儒家典籍《礼记》的满文译本。乾隆四十八年（1783 年）武英殿刻本，线装 12 册。白口单黑鱼尾，四周双边。满汉合璧，半叶满文、汉文各 7 行。页面 26 厘米 ×17 厘米，版框 17.9 厘米 ×14 厘米。版心有汉文书题名、卷次和页码。

ИВР РАН-СПб　БВФСПбГУ-СПб　НБИГОМ-И

12.《礼记》（dorolon i nomun）不分卷 ※

［西汉］戴圣编撰，［清］高宗敕译。刻本，线装 12 册。页面 29.6

---

① 徐莉：《清代满文〈诗经〉译本及其流传》，载《民族翻译》2009 年第 3 期。
② 阎国栋，张淑娟：《俄罗斯的〈诗经〉翻译与研究》，载《社会科学战线》2012 年第 3 期。

厘米×18.2 厘米，版框 17.5 厘米×13.8 厘米。单黑鱼尾，四周双边。满汉合璧，半叶满文、汉文各 7 行，行字不等。版心有汉文书题名、卷次和页码。

　　ИВР РАН-СПб　БИГУ-И

13.《御制翻译春秋》（han i araha ubaliyambuha šajingga nomun）六十四卷

　　［东周］孔子编撰，［清］高宗敕译，儒家典籍《春秋》满文译本。[①] 乾隆四十九年（1784 年）武英殿刻本，线装 48 册。页面 25 厘米×16.5 厘米，版框 17.7 厘米×14 厘米。白口单黑鱼尾，四周双边。满汉合璧，半叶满文、汉文各 7 行，小字双行。版心有汉文书题名、篇目、卷次和页码。

　　ИВР РАН-СПб　БВФСПбГУ-СПб　НБИГОМ-И

14.《满汉合璧孝经》（manju nikan hergen kamcime hiyoo ging bithe）不分卷

　　［东周］孔子编撰，［清］达海译，儒家伦理著作《孝经》的满文译本。康熙四十七年（1708 年）刻本，线装 1 册。页面 25 厘米×14.5 厘米，版框 16.8 厘米×12 厘米。白口单黑鱼尾，四周双边。满汉合璧，半叶满文、汉文各 5 行。版心有汉文书题名、卷次、篇目和页码。

　　ИВР РАН-СПб

15.《孝经集注》（hiyoo ging be acabufi suhe bithe）不分卷

　　［清］世宗敕译，按《论语集注》和《孟子集注》体例重新编排翻译的《孝经》满文译本，又题《孝经合解》。雍正五年（1727 年）内府刻本，线装 4 册。页面 28 厘米×21 厘米，版框 16.5 厘米×15.5 厘米。白口单黑鱼尾，四周双边。满文，半叶 7 行，小字双行。版心有满文书题名和汉文页码。[②]

　　ИВР РАН-СПб

---

① 刘颖：《孔子学说在俄罗斯的翻译历程》，福建省外国语文学会 2011 年会论文，2012 年。
② 孙苓玉、董晓波：《〈论语〉在俄语世界的译介与传播》，《中国社会科学报》2018 年 8 月 21 日。

16.《孝经合解》（hiyoo ging be acabufi suhe bithe）不分卷

[清]世宗敕译，又题《孝经集注》。雍正五年（1727年）刻本，线装 4 册。页面 28.7 厘米 ×19.5 厘米，版框 21.8 厘米 ×16.7 厘米。白口单黑鱼尾，四周双边。满蒙合璧，半叶满文、蒙古文各 7 行，小字双行。版心有满文书题名和汉文页码。

БВФСПбГУ-СПб

17.《孝经》（hiyoošungga nomun）一卷

[东周]孔子编撰，[清]达海译。雍正五年（1727年）刻本，线装 5 册。页面 30 厘米 ×19.7 厘米，版框 20.8 厘米 ×16.8 厘米。白口单黑鱼尾，四周双边。满文，半叶 7 行。版心有满文书题名和页码。

ИВР РАН-СПб

18.《日讲四书解义》（inenggidari giyangnaha sy šu i jurgan be suhe bithe）二十六卷

[清]喇萨里、陈廷敬等撰，《四书》的满文译本，附以据经筵讲义整理的解义和注释，学习儒家典籍的教科书，又题《日讲四书》（inenggidari giyangnaha sy šu i bithe）。康熙十六年（1677年）内府刻本，线装 26 册。页面 34 厘米 ×21.7 厘米，版框 25.5 厘米 ×18.5 厘米。黑口双黑鱼尾，上下单边，左右双边。满文，半叶 7 行。版心有满文书题名、页码和卷次。

БВФСПбГУ-СПб ИВР РАН-СПб БИГУ-И

19.《日讲四书解义》（inenggidari giyangnaha sy šu i jurgan be suhe bithe）二十六卷 ※

[清]喇萨里、陈廷敬等撰。刻本，线装 14 册。页面 32.8 厘米 ×21 厘米，版框 26 厘米 ×18.3 厘米。黑口双黑鱼尾，四周双边。满文，半叶 7 行。版心有满文书题名、页码、卷次。存卷十一至卷二十四。部分册封面右上方

镌满文书题名、卷次及篇名。

ИВР РАН-СПб

20.《御制翻译四书》（han i araha ubaliyambuha duin bithe）六卷

[南宋]朱熹注，[清]高宗敕译，[清]鄂尔泰厘定。儒家典籍《四书》的满文译本。乾隆二十年（1755 年）京都三槐堂刻本，线装 6 册。页面 25 厘米 ×15 厘米，版框 18.5 厘米 ×13 厘米。白口单黑鱼尾，四周单边。满汉合璧，半叶满文、汉文各 7 行。版心有汉文书题名和页码。首卷附《序言》。

ИВР РАН-СПб　БВФСПбГУ-СПб　БИГУ-И

21.《御制翻译四书》（han i araha ubaliyambuha duin bithe）六卷

[南宋]朱熹注，[清]高宗敕译，[清]鄂尔泰厘定。光绪十四年（1888 年）聚珍堂刻本，线装 6 册。页面 26.5 厘米 ×17 厘米，版框 18.5 厘米 ×13 厘米。白口单黑鱼尾，四周双边。满汉合璧，半叶满文、汉文各 7 行。版心有汉文书题名和页码。含《大学》1 册、《中庸》1 册、《论语》2 册、《孟子》2 册。卷首存乾隆二十年（1755 年）《序言》。

ИВР РАН-СПб　РНБ-СПб

22.《御制翻译四书》（han i araha ubaliyambuha duin bithe）六卷

[南宋]朱熹注，[清]高宗敕译，[清]鄂尔泰厘定。京都博古圣经堂刻本，线装 6 册。页面 26.5 厘米 ×17 厘米，版框 18 厘米 ×14 厘米。白口单黑鱼尾，四周单边。满汉合璧，半叶满文、汉文各 7 行。版心有汉文书题名和页码。含《大学》1 册、《中庸》1 册、《论语》2 册、《孟子》2 册，卷首存乾隆二十年（1755 年）《序言》。

ИВР РАН-СПб

23.《四书集注》（sy šu ji ju）十九卷

［南宋］朱熹注，［清］佚名译。儒家理学著作《四书章句集注》的满文译本。道光十八年（1838年）京都琉璃厂炳蔚堂朱氏刻本，线装14册。页面27.8厘米×17.3厘米，版框21.8厘米×15.8厘米。白口单黑鱼尾，四周双边。满汉合璧，半叶满文、汉文各6行，小字双行。版心有汉文书题名和页码。书题名页镌"四书集注"、"满汉字合璧"和"京都琉璃厂炳蔚堂朱氏"。

РНБ-СПб　БВФСПбГУ-СПб

24.《满汉字四书》（manju nikan hergen i sy šu）六卷

［南宋］朱熹注，［清］高宗敕译。同治九年（1870年）天绘阁刻本，线装4册，残卷。页面25厘米×15.5厘米，版框22.5厘米×14厘米。白口单黑鱼尾，四周单边，上下双栏。满汉合璧，半叶满文、汉文各5行。版心有汉文书题名和页码。

БВФСПбГУ-СПб　ИВР РАН-СПб

25.《四书集注》（sy šu ji ju）十七卷

［南宋］朱熹注，又题《满汉字合璧四书集注》。京都琉璃厂文光堂刻本，线装12册。页面24厘米×15.5厘米，版框21厘米×14.5厘米。白口单黑鱼尾，四周双边。满汉合璧，半叶满文、汉文各6行，小字双行。版心有汉文书题名和页码。

ИВР РАН-СПб

26.《满汉字四书》（manju nikan hergen i sy šu）不分卷 ※

［南宋］朱熹注，［清］高宗敕译，又题《满汉合璧四书》（manju nikan hergen kamcibuha sy šu）。刻本，线装4册。页面36厘米×15.7厘米，版框22.7厘米×14.5厘米。白口单黑鱼尾，上下单边，左右双边。满汉文，

上下双栏，上栏满文，下栏汉文，半叶 10 行。版心依次为汉文书题名和页码。首册首页镌汉文日期"乾隆四十五年"，另有插页镌汉文日期"乾隆四十七年"，均残损严重且封面、封底及扉页处均存俄文。

ИВР РАН-СПб

27.《四书》（sy šu i bithe）不分卷 ※

［南宋］朱熹注，［清］佚名译。刻本，线装 13 册。页面 27.4 厘米 ×16 厘米，版框 23 厘米 ×14 厘米。白口单黑鱼尾，四周双边。满汉合璧，半叶满文、汉文各 7 行，行字不等。版心有汉文书题名、卷次和页码。

ИВР РАН-СПб

28.《论语》（leolen gisuren bithe）二卷 ※

［清］佚名译，刻本仅存下卷"先进第十一"至"尧曰第二十"，其中"尧曰第二十"仅存三个半页，线装 1 册。页面 24.3 厘米 ×15.5 厘米，版框 18.5 厘米 ×14 厘米。白口单黑鱼尾，上下双边，左右单边。满汉合璧，半叶满文、汉文各 7 行。版心有汉文书题名、篇名及页码。

ИВР РАН-СПб

29.《清文备考》（manju gisun i yongkiyame toktobuha bithe）十卷

［清］戴毅撰，分类辞书。康熙六十一年（1722 年）刻本，线装 10 册。页面 29.6 厘米 ×18.7 厘米，版框 24.8 厘米 ×16 厘米。白口单黑鱼尾，四周双边。满汉合璧，半叶满文、汉文各 8 行。版心有汉文书题名、页码和满文卷次。卷前存李鉴撰《序言》、戴毅撰《自序》与沈潜撰《跋文》。含《虚字讲约》《形容词》《相连语》《吏户礼三部成语》《兵刑工三部成语》《清文鉴总纲字语》。

БВФСПбГУ-СПб РНБ-СПб ИВР РАН-СПб

30.《满汉字清文启蒙》（manju nikan hergen i cing wen ki meng bithe）四卷

　　［清］舞格撰，［清］程明远、佩和校，按十二字头顺序排列的满语文教科书，又题《兼满汉字满洲套语清文启蒙》。雍正八年（1730 年）京都三槐堂刻本，线装 4 册。页面 24 厘米 ×15.4 厘米，版框 21 厘米 ×14 厘米。白口单黑鱼尾，四周双边。满汉合璧，半叶满文、汉文各 6 行。版心有汉文书题名、篇目和页码。含《满洲十二字头单字联字指南》（manju hergen i juwan juwe uju emteli hergen holboho hergen i jy nan）、《切韵清字》（manju acan mudan i hergen）、《满洲外单字》（manju tulergi emteli hergen）、《满洲外联字》（manju tulergi holboho hergen）、《满洲文助语虚字》（manju bithei gisun de aisilara mudan i hergen）。

　　ИВР РАН-СПб　БВФСПбГУ-СПб　РНБ-СПб　НБИГОМ-И

31.《清文启蒙》（cing wen ki meng bithe）四卷

　　［清］舞格撰，［清］程明远、佩和校。雍正八年（1730 年）中和堂刻本，线装 4 册。页面 26.2 厘米 ×22.5 厘米，版框 17.2 厘米 ×12.5 厘米。白口单黑鱼尾，四周双边。满汉合璧，半叶满文、汉文各 9 行，小字双行。版心有汉文书题名、篇目和页码。

　　ИВР РАН-СПб　РНБ-СПб　БВФСПбГУ-СПб

32.《满汉字清文启蒙》（manju nikan hergen i cing wen ki meng bithe）四卷

　　［清］舞格撰，［清］程明远、佩和校。雍正八年（1730 年）二酉堂藏版永魁斋刻本，线装 4 册。页面 24 厘米 ×15.4 厘米，版框 21.6 厘米 ×14.2 厘米。白口单黑鱼尾，四周双边。满汉合璧，半叶满文、汉文各 6 行。版心有汉文书题名、篇目和页码。含《满洲十二字头单字联字指南》《切韵清字》《满洲外单字》《满洲外联字》《满洲文助语虚字》。

　　БВФСПбГУ-СПб　РНБ-СПб

33.《清文启蒙》（cing wen ki meng bithe）四卷 ※

〔清〕舞格撰，〔清〕程明远、佩和校。雍正八年（1730年）文盛堂刻本，线装4册。页面26.2厘米×15.2厘米，版框22.5厘米×13.1厘米。白口单黑鱼尾，四周双边。满汉合璧，半叶满文、汉文各9行，小字双行。版心有汉文书题名、篇目和页码。含《满洲十二字头单字联字指南》《切韵清字》《满洲外单字》《满洲外联字》《满洲文助语虚字》。

ИВР РАН-СПб　РНБ-СПб　БВФСПбГУ-СПб

34.《初学指南》（tuktan tacire ursei temgetu jorin bithe）二卷

〔清〕富俊撰，研读蒙古语文的教材，其中所涉蒙古文均以满文拼写。乾隆五十九年（1794年）邵衣堂刻本，线装2册。页面28.4厘米×17.7厘米，版框24厘米×15.8厘米。白口双黑鱼尾，四周双边。满蒙汉合璧，半叶满文、蒙古文、汉文各5行。版心有汉文书题名、卷次和页码。

ИВР РАН-СПб　РНБ-СПб　БВФСПбГУ-СПб

35.《清文指要》（manju gisun i oyonggo jorin i bithe）三卷

〔清〕富俊撰，满语文读本会话类教材。嘉庆十四年（1809年）三槐堂刻本，线装4册。页面24.2厘米×15.3厘米，版框17.2厘米×14厘米。白口单黑鱼尾，四周双边。满汉合璧，半叶满文、汉文各4行。版心有汉文书题名、卷次、篇目和页码。含《字音指要》《清文指要》《续清文指要》。

РНБ-СПб　БВФСПбГУ-СПб

36.《三合语录》（ilan hacin i hergen kamcibuha gisun i bithe）不分卷

〔清〕智信撰，〔清〕富俊译蒙古文，《一百条》的蒙古文修订版，更正了其中的蒙古语土语，并配以汉文译文。道光十年（1830年）五云堂刻本，线装4册。页面28.7厘米×17.4厘米，版框22.1厘米×15厘米。白口双黑鱼尾，四周双边。满蒙汉合璧，半叶满文、蒙古文、汉文各3行。

版心有汉文书题名。题名页镌"道光十年新镌""协办大学时富俊订""版藏琉璃厂五云堂"。卷前存道光九年（1829 年）《序言》。

ИВР РАН-СПб　БВФСПбГУ-СПб　НБИГОМ-И

37.《满汉合璧字法举一歌》（manju nikan hergen kamcifi acabure dzi fa gioi ii bithe）不分卷

［清］徐隆泰撰，讲述满文文法的汉文歌诀，并配以注释和例句，例句和注释均选自《四书》和《圣谕广训》，又题《清文字法举一歌》（manju hergen dzi fa gioi i i bithe）、《字法举一歌》（dzi fa gioi i i bithe）。光绪十一年（1885 年）文宝堂刻本，线装 1 册。页面 27 厘米 ×15.5 厘米，版框 19.7 厘米 ×13.5 厘米。白口单黑鱼尾，四周双边。满汉合璧，半叶满文、汉文各 6 行。版心有汉文书题名、页码和满文例字。卷前存光绪十一年（1885 年）八旗蒙古寿荣撰《序言》。

БВФСПбГУ-СПб

38.《清文接字》（cing wen jiye dzi bithe）不分卷

［清］徐隆泰、嵩洛峰撰，以歌诀和例句形式讲授满语文虚词的教材。光绪十四年（1888 年）京都三槐堂刻本，线装 1 册。页面 27 厘米 ×15 厘米，版框 18 厘米 ×14 厘米。白口单黑鱼尾，四周单边。满汉合璧，半叶满文、汉文各 6 行。版心有汉文书题名和页码。卷前存朴山撰《序言》。

БВФСПбГУ-СПб

39.《一百条》（tanggū meyen）四卷

［清］智信撰，满语文读本，部分满文词语旁标有汉文释义。刻本，线装 4 册。页面 24.8 厘米 ×14.8 厘米，版框 18.6 厘米 ×12.3 厘米。白口单黑鱼尾，四周单边。满汉合璧，半叶满文、汉文各 6 行。版心有汉文卷次和页码。

ИВР РАН-СПб

40.《续编兼汉清文指要》（sirame banjibuha nikan hergen i kamcibuha manju gisun i oyonggo jorin bithe）二卷

［清］富俊撰，学习满语文的读本会话教材，《清文指要》续编。嘉庆十四年（1809 年）三槐堂刻本，线装 2 册。页面 22.2 厘米 ×14 厘米，版框 16.2 厘米 ×13.5 厘米。白口单黑鱼尾，四周双边。满汉合璧，半叶满文、汉文各 7 行。版心有汉文书题名、卷次和页码。

ИВР РАН-СПб

41.《清语易言》（manju gisun be ja i gisurere bithe）一卷 ※

［清］博赫辑录，学习满语文的读本会话教材。刻本，线装 1 册。页面 25 厘米 ×15 厘米，版框 20.5 厘米 ×14 厘米。白口单黑鱼尾，四周双边。满汉合璧，半叶满文、汉文各 6 行。版心有汉文页码。

БВФСПбГУ-СПб

42.《钦定同文韵统》（hesei toktobuha tung wen yūn tung bithe）六卷

［清］允禄奉敕编撰，学习拼读梵文藏文经咒的辞书，又题《同文韵统》（tung wen yūn tung bithe）。乾隆十五年（1750 年）武英殿刻本，线装 4 册。页面 34 厘米 ×13 厘米，版框 25 厘米 ×11.3 厘米。白口单黑鱼尾，四周双边。满蒙藏梵汉合璧，半叶文种不同，行数行字不等。版心有汉文书题名、卷次、类目和页码。卷前存乾隆十五年（1750 年）《序言》，《序言》末钤"乾隆御笔"朱文方印与数篇允禄《奏议》，《奏议》末列编撰校译人员姓名与职位。

БВФСПбГУ-СПб

43.《满汉类书全集》（man han lei šu ciyūn ji）三十二卷

［清］桑额编，分类辞书。康熙四十年（1701 年）刻本，线装 8 册。

页面 24 厘米 ×15 厘米，版框 20 厘米 ×14 厘米。白口单黑鱼尾，四周双边，
满汉合璧，半叶满文、汉文各 7 行。版心有汉文页码。

ИВР РАН-СПб　БВФСПбГУ-СПб

44.《大清全书》（daicing gurun i yooni bithe）十四卷

[清]沈启亮编，按满文十二字头顺序编排的辞书，收词一万八千余条，
其中满文单词标以汉文注音和释义。康熙五十二年（1713 年）三义堂刻本，
线装。页面 29 厘米 ×18 厘米，版框 25.5 厘米 ×17 厘米。白口单黑鱼尾，
四周双边。满汉合璧，半叶 5 行，小字双行。版心有满文书题名、卷次和
页码。内含《清书指南》（manju bithe i jy nan）一卷。

БВФСПбГУ-СПб　ИВР РАН-СПб

45.《同文广汇全书》（tung wen gūwang hoi ciowan šu bithe）四卷

[清]阿敦撰，[清]桑格等辑，按类编排的俗语谚语辞书。康熙
三十二年（1693 年）天绘阁刻本，线装 4 册。页面 23 厘米 ×16.3 厘米，
版框 20.3 厘米 ×15 厘米。白口单黑鱼尾，四周双边。满汉合璧，半叶 8 行。
版心有汉文书题名、卷次和页码。

ИВР РАН-СПб

46.《同文广汇全书》（tung wen gūwang hoi ciowan šu bithe）
四卷

[清]阿敦撰，[清]桑格等辑。康熙三十二年（1693 年）听松楼刻本，
线装 4 册。页面 25.4 厘米 ×16 厘米，版框 20.7 厘米 ×15 厘米。白口单黑鱼尾，
四周双边。满汉合璧，半叶 5 行至 8 行。版心有汉文书题名、卷次和页码。

ИВР РАН-СПб

47.《御制清文鉴》（han i araha manju gisun i buleku）二十五卷①

［清］傅达礼、马齐等奉敕编撰，清代官方编撰第一部满语文单语分类辞书，全书共分 280 类，收词一万两千余条。康熙四十七年（1708 年）武英殿刻本，线装 33 册。页面 26 厘米 ×18.5 厘米，版框 21.5 厘米 ×16 厘米。白口，四周双边。满文，半叶大字 6 行，小字双行。版心有满文书题名、卷次、类目和汉文页码。

БВФСПбГУ-СПб ИВР РАН-СПб РГБ-М БИГУ-И

48.《御制清文鉴》（han i araha manju gisun i buleku）一卷②※

［清］傅达礼、马齐等奉敕编撰。康熙四十七年（1708 年）刻本，线装 33 册。页面 31 厘米 ×20 厘米，版框 22.3 厘米 ×17.5 厘米。白口，四周双边。满文，半叶大字 6 行，小字双行。版心有满文书题名、卷次、类目和汉文页码，其中部分词语存俄文翻译。

ИВР РАН-СПб

49.《御制满蒙文鉴》（han i araha manju monggo gisun i buleku bithe）二十卷③

［清］拉锡等奉敕编撰，在《御制清文鉴》基础上增加蒙古文释义的分类辞书，又题《蒙古清文鉴》（monggo manju gisun i buleku bithe）。康熙五十六年（1717 年）武英殿刻本，线装 29 册。页面 27.4 厘米 ×17.6 厘米，版框 21.4 厘米 ×15.7 厘米。白口，四周双边。满蒙合璧，半叶满文、蒙古文各 6 行。版心有满文书题名、卷数、类目，蒙古文书题名、卷数、类目和汉文页码。

РНБ-СПб ИВР РАН-СПб

---

① 江桥：《清代民族关系史研究的重要文献——康熙〈御制清文鉴〉及其延伸》，载《民族史研究》2002 年。

② 江桥：《康熙〈御制清文鉴〉浅析》，载《民族语文》2000 年第 5 期。

③ 莎日娜：《〈御制满蒙合璧文鉴〉的民族植物学研究》，内蒙古师范大学硕士学位论文，2009 年。

50.《同文类集》（tung wen lei ji）二卷

［清］佚名撰。雍正九年（1731 年）刻本，线装 2 册。页面 25.5 厘米 ×15.5 厘米，版框 20 厘米 ×15.7 厘米。白口，四周单边。满汉合璧，半叶满文、汉文各 5 行。版心有汉文书题名和页码。

ИВР РАН-СПб

51.《满汉全字十二头》（manju nikan hergen i juwan juwe uju yooni bithe）二卷 ※

［清］溪霞增补，初学满语文字母教材，又题《清话对学千话谱》。雍正十一年（1733 年）五云堂刻本，线装 1 册。页面 20.2 厘米 ×12.2 厘米，版框 18 厘米 ×12 厘米。白口，四周单边。满汉文，半叶 6 行。版心有汉文书题名和页码。

ИВР РАН-СПб

52.《音汉清文鉴》（nikan hergen i ubaliyambuha manju gisun i buleku bithe）二十卷

［清］明铎等编，以《御制清文鉴》为蓝本附以汉文语音解释满文词语的辞书，分 54 类 102 段。雍正十三年（1735 年）骑河楼刻本，线装 4 册。页面 24.3 厘米 ×15.5 厘米，版框 20.8 厘米 ×14.5 厘米。白口，上下双边，左右单边。满汉合璧，半叶满文、汉文各 8 行。版心有汉文卷次、类目和页码。

РНБ-СПб ИВР РАН-СПб

53.《音汉清文鉴》（nikan hergen i ubaliyambuha manju gisun i buleku bithe）二十卷

［清］明铎等编。雍正十三年（1735 年）宏文阁刻本，线装 4 册。页面 24 厘米 ×15.5 厘米，版框 20 厘米 ×14.7 厘米。白口单黑鱼尾，上下双边，左右单边。满汉合璧，半叶 8 行。版心有汉文卷次、篇目和页码。

ИВР РАН-СПб

54.《音汉清文鉴》（nikan hergen i ubaliyambuha manju gisun i buleku bithe）二十卷

［清］明铎等编。雍正十三年（1735年）文瑞堂刻本，线装4册。页面25厘米×15.9厘米，版框20.8厘米×14.5厘米。白口单黑鱼尾，上下双边，左右单边。满汉合璧，半叶8行。版心有汉文卷次、篇目和页码。

ИВР РАН-СПб

55.《满汉经文成语》（manju nikan ging bithei toktobuha gisun）不分卷 ※

［清］明铎辑，将《书经》《诗经》《易经》等著作中成语汇编成册的辞书，其中所涉满文成语以原文摘出，所涉汉文成语按原文翻译。乾隆二年（1737年）中和堂刻本，线装1册。页面24厘米×15.5厘米，版框21厘米×14.5厘米。白口单黑鱼尾，四周双边。满汉合璧，半叶满文、汉文各5行。版心有汉文书题名、类目和页码。

ИВР РАН-СПб　БВФСПбГУ-СПб

56.《满汉百家姓》（man han bai giya sing）一卷 ※

［清］佚名译，汉文蒙学读物《百家姓》的满文译本。宏文阁刻本，线装1册。页面20.5厘米×13.8厘米，版框16厘米×11厘米。白口单黑鱼尾，四周双边。满汉合璧，半叶满文、汉文各5行。版心有汉文书题名和页码。

ИВР РАН-СПб

57.《御制满蒙文鉴》（han i araha manju monggo gisun i buleku bithe）二十卷

［清］拉锡等奉敕编撰，在《御制清文鉴》基础上增加蒙古文释义的分类辞书，又题《蒙古清文鉴》。乾隆八年（1743年）武英殿刻本，线装21册。页面27.4厘米×17.6厘米，版框20.8厘米×14.8厘米。白口，四周

双边。满蒙合璧，半叶满文、蒙古文各6行。版心有满文书题名、卷数、类目，蒙古文书题名、卷数、类目和汉文页码。

БВФСПбГУ-СПб

58.《一学三贯清文鉴》（emu be tacifi ilan be hafukiyara manju gisun i buleku bithe）四卷

［清］屯图等撰，按类编排的辞书，收词八千余条。乾隆十一年（1746年）静宜斋刻本，线装4册。页面29厘米×19厘米，版框22厘米×17.3厘米。白口单黑鱼尾，四周双边。满汉合璧，半叶满文、汉文各7行。版心有汉文书题名、类目和页码。

ИВР РАН-СПб　БВФСПбГУ-СПб

59.《翻译类编》（fan i lei biyan bithe）四卷

［清］冠景辑，分类辞书，词语选自满汉文典籍。乾隆十四年（1749年）文渊堂刻本，线装4册。页面20.2厘米×13.5厘米，版框18.2厘米×12.8厘米。黑口双黑鱼尾，四周双边。满汉合璧，半叶满文、汉文各8行。版心有汉文书题名、卷次和页码。卷首存乾隆五年（1740年）襄平周祖荣撰《序言》。

ИВР РАН-СПб

60.《清文汇书》（manju isabuha bithe）十二卷

［清］李延基辑，按满文十二字头顺序编撰的辞书，收词三千六百余条。康熙年间四合堂刻本，线装12册。页面23.2厘米×16厘米，版框21厘米×14.5厘米，白口单黑鱼尾，四周双边。满汉合璧，半叶满文、汉文各8行，小字双行。版心有汉文书题名、卷次和页码。

БВФСПбГУ-СПб

61.《清文汇书》（manju isabuha bithe）十二卷

〔清〕李延基辑。乾隆十五年（1750年）三槐堂刻本，线装12册。页面26.8厘米×16厘米，版框20.3厘米×14.9厘米。白口单黑鱼尾，四周双边。满汉合璧，半叶满文、汉文各8行，小字双行。版心有汉文书题名、卷次和页码。

ИВР РАН-СПб

62.《清文汇书》（manju isabuha bithe）十二卷

〔清〕李延基辑。乾隆十五年（1750年）双峰阁刻本，线装1册。页面24厘米×15.7厘米，版框20.3厘米×12厘米。白口，四周双边。满汉合璧，半叶满文、汉文各8行，小字双行。版心有汉文书题名、卷次和页码。

БВФСПбГУ-СПб ИВР РАН-СПб

63.《清文汇书》（manju isabuha bithe）十二卷

〔清〕李延基辑。乾隆十五年（1750年）英华堂刻本，线装12册。页面25.9厘米×15.3厘米，版框20厘米×13.3厘米，白口单黑鱼尾，四周双边。满汉合璧，半叶满文、汉文各8行，小字双行。版心有汉文书题名、卷次和页码。

ИВР РАН-СПб

64.《清文汇书》（manju isabuha bithe）十二卷

〔清〕李延基辑。乾隆十六年（1751年）英华堂刻本，线装12册。页面26.5厘米×16.1厘米，版框20厘米×14.2厘米，白口单黑鱼尾，四周双边。满汉合璧，半叶满文、汉文各8行，小字双行。版心有汉文书题名、卷次和页码。

ИВР РАН-СПб

65.《清文汇书》（manju isabuha bithe）十二卷

［清］李延基辑。乾隆五十年（1785年）中和堂刻本，线装12册。页面 28.1 厘米 ×16.3 厘米，版框 19.3 厘米 ×13.8 厘米，白口单黑鱼尾，四周双边。满汉合璧，半叶满文、汉文各 8 行，小字双行。版心有汉文书题名、卷次和页码。

БВФСПбГУ-СПб

66.《清文汇书》（manju isabuha bithe）十二卷

［清］李延基辑。嘉庆二十年（1815年）四合堂刻本，线装12册。页面 26 厘米 ×16 厘米，版框 20.3 厘米 ×14 厘米，白口单黑鱼尾，四周双边。满汉合璧，半叶满文、汉文各 8 行，小字双行。版心有汉文书题名、卷次和页码。

ИВР РАН-СПб

67.《清文汇书》（manju isabuha bithe）十二卷

［清］李延基辑。双峰阁刻本，线装12册。页面 24 厘米 ×16 厘米，版框 20.5 厘米 ×14.8 厘米，白口单黑鱼尾，四周双边。满汉合璧，半叶满文、汉文各 8 行，小字双行。版心有汉文书题名、卷次和页码。

ИВР РАН-СПб

68.《钦定西域同文志》（hesei toktobuha wargi ba i hergen be emu obuha ejetun）二十四卷①

［清］傅恒等撰，按新疆、青海、西藏等地区编排的地名辞书，分天、地、山、水和人 5 部。乾隆十五年（1750 年）武英殿刻本，线装 8 册。页面 28 厘米 ×17.5 厘米，版框 19 厘米 ×14 厘米。白口单黑鱼尾，四周双边。

---

① 乌云毕力格:《〈钦定西域同文志〉若干问题考述》,《中央民族大学学报（哲学社会科学版）》2020 年第 1 期。

版心有汉文卷次和页码。满蒙藏汉托维合璧，四周双边，半叶 9 行。

БВФСПбГУ-СПб　ИВР РАН-СПб

69.《钦定清语》（hesei toktobuha manju gisun）二卷

［清］佚名撰，以《御制增订清文鉴》为蓝本编撰的分类辞书。乾隆二十三年（1758 年）刻本，线装 2 册。页面 27 厘米 ×16 厘米，版框 22 厘米 ×14.5 厘米。白口单黑鱼尾，四周双边。满汉合璧，半叶满文、汉文各 8 行。版心有汉文书题名、卷次和页码。

ИВР РАН-СПб

70.《翻译四十条》（ubaliyambuha dehi meyen i bithe）不分卷

［清］常钧撰，满语文会话教材，内容包括治学、择师、交友和接人待物等，又题《清话问答四十条》（manjurame fonjire gisun dehi meyen）。乾隆二十三年（1758 年）刻本，线装 1 册。页面 24 厘米 ×15.8 厘米，版框 19.5 厘米 ×14.5 厘米。白口单黑鱼尾，四周双边。满汉合璧，半叶满文、汉文各 9 行。版心有满文书题名和汉文页码。

ИВР РАН-СПб

71.《实录内摘出旧清语》（yargiyan kooli ci tukiyeme tucibuhe fe manju gisun i bithe）十四卷

［清］佚名撰，清乾隆朝前满语词语规范及释义的辞书，收词八百余条。乾隆二十五年（1760 年）刻本，线装 14 册。页面 24.5 厘米 ×16.5 厘米，版框 20 厘米 ×14.5 厘米。白口双黑鱼尾，四周双边。满文，半叶 6 行。版心有满文书题名、卷次和满汉文页码。

ИВР РАН-СПб　БВФСПбГУ-СПб

72.《实录内摘出旧清语》（yargiyan kooli ci tukiyeme tucibuhe fe manju gisun i bithe）十四卷

［清］佚名撰，乾隆二十五年（1760 年）刻本，线装存 11 册，第 2 册阙。页面 28 厘米 ×17.5 厘米，版框 20 厘米 ×14.5 厘米。白口双黑鱼尾，满文，四周双边，半叶 6 行。版心有满文卷次、页码和汉文页码。

ИВР РАН-СПб

73.《满汉合璧集要》（manju nikan hergen i kamciha icabuha oyonggo bithe）一卷 ※

［清］将军容公大人撰。乾隆二十九年（1764 年）京口官学刻本，线装 1 册。页面 30 厘米 ×19 厘米，版框 23.5 厘米 ×17 厘米。白口单黑鱼尾，四周单边。满汉合璧，半叶满文、汉文各 6 行。版心有汉文书题名和页码。

ИВР РАН-СПб

74.《御制增订清文鉴》（han i araha nonggime toktobuha manju gisun i buleku bithe）四十六卷

［清］傅恒等奉敕编撰，以《御制清文鉴》为蓝本，汉文音义标记注释满文词语，并配以例词例句的辞书。乾隆三十六年（1771 年）武英殿刻本，线装 47 册。页面 30.1 厘米 ×21 厘米，版框 22.3 厘米 ×17.8 厘米。白口，四周双边。满汉合璧，半叶满文、汉文各 8 行。版心有满文书题名、卷数，汉文类目和页码。卷首存乾隆三十六年（1771 年）《御制增订清文鉴序》，附以《总纲》八卷、《补编》四卷、《补编总纲》一卷、《续入新语》一卷、《目录》一卷、《序言》一卷和《字母》一卷。

БВФСПбГУ-СПб ИВР РАН-СПб РНБ-СПб БИГУ-И

75.《御制满汉蒙古西番合璧阿礼嘎礼》（han i araha manju nikan monggo tanggūt hergen i kamciha alig'ali）八十八卷

［清］章嘉呼图克图奉敕编撰，《大藏经》咒语音韵规范工具书与佛经咒语合辑，又题《大藏全咒》（amba ganjur nomuni uheri tarni）。乾隆三十八年（1773 年）武英殿刻本，线装 88 册。页面 34 厘米 ×13 厘米，版框 25 厘米 ×13 厘米。上下双边。满蒙藏汉合璧，半叶满文、蒙古文、藏文、汉文各 2 行。

БВФСПбГУ-СПб

76.《御制满洲蒙古汉字三合切音清文鉴》（han i araha manju monggo nikan hergen ilan hacin i mudan acaha buleku bithe）三十一卷

［清］阿桂等奉敕编撰，［清］赛尚阿译蒙古文，以乾隆三十六年（1771 年）武英殿刻本《御制增订清文鉴》为底本，增加蒙古文的分部辞书。乾隆四十五年（1780 年）刻本，线装 32 册。页面 28.6 厘米 ×19.5 厘米，版框 21.5 厘米 ×17.3 厘米。白口，四周双边。满蒙汉合璧，半叶满文、藏文、汉文各 2 行。版心有满文书题名、卷数，汉文类目和页码。卷首存乾隆三十六年（1771 年）与乾隆四十五年（1780 年）《御制序言》各 1 篇，其后为永荣等编刻、翻译人员官衔名。

ИВР РАН-СПб　БВФСПбГУ-СПб

77.《三合便览》（ilan hacin i gisun kamcibuha tuwara de ja obuha bithe）十二卷

［清］敬斋辑，［清］富俊增补，讲授蒙古文正字法和蒙古文文法的辞书，收词一万九千余条，又题《三合便览一书》。乾隆四十五年（1780 年）庆敬斋藏版邵衣堂刻本，线装 12 册。页面 26 厘米 ×17.4 厘米，版框 21.2 厘米 ×15.3 厘米。白口双黑鱼尾，四周双边。满蒙汉合璧，上、中、下三栏，半叶 6 至 8 行。版心有汉文书题名、页码。书题名页镌"是书参订阅二十

余年，寒暑行见寡闻，无所就正。公诸同志，唯翼匡所不逮，俾免贻误后人。卷端附以指要二篇，盖恐有志之士，无力延师，存此以当一隅之举""三合便览""乾隆壬子年镌"，卷前存富俊撰《序言》。

РНБ-СПб　БИГУ-И　ИВР РАН-СПб

78.《三合便览》（ilan hacin i gisun kamcibuha tuwara de ja obuha bithe）十二卷

　　［清］敬斋辑，［清］富俊增补。乾隆五十七年（1792 年）名贵堂刻本，线装 12 册。页面 27.6 厘米 ×17.1 厘米，版框 20 厘米 ×15 厘米。白口双黑鱼尾，四周双边。满蒙汉合璧，半叶 6 至 8 行。版心有汉文书题名和页码。内附《十二字头》《蒙文指要》《清文指要》。

ИВР РАН　БВФСПбГУ-СПб　НБИГОМ-И

79.《三合便览》（ilan hacin i gisun kamcibuha tuwara de ja obuha bithe）十二卷

　　［清］敬斋辑，［清］富俊增补。乾隆五十七年（1792 年）双峰阁刻本，线装 12 册。页面 26 厘米 ×17.5 厘米，版框 21 厘米 ×15 厘米。白口双黑鱼尾，四周双边。满蒙汉合璧，半叶 6 至 8 行。版心有汉文书题名和页码。

БВФСПбГУ-СПб　ИВР РАН-СПб

80.《清文补汇》（manju gisun be niyeceme isabuha bithe）八卷

　　［清］宜兴编，按满文十二字头顺序编撰的辞书，收词七千九百余条，每条词语均配以汉文注释。乾隆五十一年（1786 年）刻本，线装 16 册。页面 25.1 厘米 ×15.8 厘米，版框 19 厘米 ×14 厘米。白口单黑鱼尾，四周双边。满汉合璧，半叶满文、汉文各 6 行，小字双行。版心有汉文书题名、卷次和页码。卷前有乾隆五十一年（1786 年）宜兴撰《序言》。

ИВР РАН-СПб　БВФСПбГУ-СПб

81.《清文补汇》（manju gisun be niyeceme isabuha bithe）八卷

〔清〕宜兴编。嘉庆七年（1802年）法克精额刻本，线装8册。页面29厘米×24厘米，版框25.1厘米×12.8厘米，白口单黑鱼尾，四周双边。满汉合璧，半叶满文、汉文各8行，小字双行。版心有汉文书题名、卷次和页码。卷前存乾隆五十一年（1786年）宜兴撰《序》，卷末存嘉庆七年（1802年）法克精额撰《跋》。

ИВР РАН-СПб

82.《清汉文海》（cing han wen hai bithe）四十卷

〔清〕瓜尔佳巴尼珲辑，按上平、下平、上声、下声和入声五韵编排的辞书，收八千八百余汉字，三万七千余条例句，取材多选自四书五经与日常生活用语。道光元年（1821年）江南驻防衙门刻本，线装20册。页面25.8厘米×15.5厘米，版框20.4厘米×14.2厘米。白口单黑鱼尾，四周双边。满汉合璧，半叶满文、汉文各5行，小字双行。版心有汉文书题名、卷次和页码。

БВФСПбГУ-СПб

83.《六部成语》（ninggun jurgan i toktoho gisun i bithe）六卷 ※

〔清〕佚名撰，收集吏、户、礼、兵、刑和工六部及相关署衙行文用语的辞书。乾隆七年（1742年）老二酉堂刻本，线装6册。页面24厘米×16厘米，版框19.9厘米×14.2厘米。白口单黑鱼尾，四周单边。满汉合璧，半叶满文、汉文各5行。版心有汉文书题名、卷次和页码。

РНБ-СПб

84.《六部成语》（ninggun jurgan i toktoho gisun i bithe）六卷

〔清〕佚名撰。道光二十二年（1842年）小西堂刻本，线装6册。页面23厘米×15厘米，版框19厘米×14厘米。白口单黑鱼尾，四周单边。

满汉合璧，半叶 5 行。版心有汉文书题名、卷次和页码。

БВФСПбГУ-СПб

85.《满汉六部成语》（manju nikan hergen i ninggun jurgan šanggaha gisun i bithe）六卷

［清］佚名撰，又题《六部成语》。槐荫山坊刻本，线装 6 册。页面 20.5 厘米×13.8 厘米，版框 14.8 厘米×11.5 厘米。白口单黑鱼尾，四周单边。满汉合璧，半叶满文、汉文各 5 行。版心有汉文书题名、卷次、六部名称和页码。

БВФСПбГУ-СПб ИВР РАН-СПб

86.《六部成语》（ninggun jurgan i toktoho gisun i bithe）六卷

［清］佚名撰，又题《满汉六部成语》（manju nikan hergen i ninggun jurgan šanggaha gisun i bithe）。嘉庆二十一年（1816 年）文盛堂刻本，线装 1 册，存一卷《吏部成语》（hafan i jurgan i toktoho gisun i bithe）。页面 24 厘米×16 厘米，版框 19.9 厘米×14.2 厘米。白口单黑鱼尾，四周单边。满汉合璧，半叶满文、汉文各 5 行。版心有汉文书题名、卷次、六部名称和汉文页码。

БВФСПбГУ-СПб ИВР РАН-СПб

87.《六部成语》（ninggun jurgan i toktoho gisun i bithe）六卷

［清］佚名撰。道光二十二年（1842 年）聚星堂刻本，线装 6 册。页面 23.8 厘米×14.8 厘米，版框 19 厘米×14 厘米。白口单黑鱼尾，四周单边。满汉合璧，半叶 5 行。版心有汉文书题名、卷次和页码。

БВФСПбГУ-СПб

88.《六部成语》（ninggun jurgan i toktoho gisun i bithe）六卷

［清］佚名撰。道光二十二年（1842 年）文英堂刻本，线装 6 册。页

面 20.5 厘米 ×13.8 厘米，版框 14.8 厘米 ×11.5 厘米。白口单黑鱼尾，四周单边。满汉合璧，半叶满文、汉文各 5 行。版心有汉文书题名、卷次、六部名称和页码。

ИВР РАН-СПб　БИГУ-И

89.《清篆举隅》（manju fukjingga hergen i hošo be jodoro bithe）一卷

［清］文蔚辑，满汉文篆字工具书。同治十三年（1874 年）刻本，线装 1 册。页面 25 厘米 ×15 厘米，版框 12.2 厘米 ×11 厘米。白口，四周双边。版心有汉文书题名和页码。满汉文，半叶 4 行。卷首、卷末分别存文蔚撰汉文和满文《序》。

ИВР РАН-СПб

90.《清文典要》（manju bithei kooli šošohon i bithe）四卷

［清］秋芳堂主人辑，按部排列，取材于诸子百家，将汉文四字成语译为满文的辞书。乾隆元年（1736 年）京都永魁斋刻本，线装 4 册。页面 20.5 厘米 ×13.8 厘米，版框 14.8 厘米 ×11.5 厘米。白口单黑鱼尾，四周双边。满汉合璧，半叶满文、汉文各 7 行。版心有汉文书题名、卷次和页码。

ИВР РАН-СПб

91.《清文典要》（manju bithei kooli šošohon i bithe）四卷

［清］秋芳堂主人辑。光绪四年（1878 年）秋芳堂刻本，线装 4 册。白口单黑鱼尾，四周双边。满汉合璧，半叶满文、汉文各 7 行。页面 29.5 厘米 ×19.2 厘米，版框 20.3 厘米 ×13.2 厘米。版心有汉文书题名、卷次和页码。

ИВР РАН-СПб

92.《清文典要》（manju bithei kooli šošohon i bithe）四卷

〔清〕秋芳堂主人辑。光绪四年（1878 年）文渊堂刻本，线装 4 册。页面 19.5 厘米 ×12.9 厘米，版框 14.3 厘米 ×11.2 厘米。白口单黑鱼尾，四周双边。满汉合璧，半叶满文、汉文各 7 行。版心有汉文书题名、卷次和页码。书题名页镌"乾隆戊午新刻清文典要"，卷前存秋芳堂主人撰《序言》。

ИВР РАН-СПб

93.《千字文》（minggan hergen i banjibume araha bithe）一卷

〔南朝梁代〕周兴嗣撰，〔清〕裕彰译，传统蒙学读物《千字文》的满文译本，又题《满汉千字文》（manju nikan hergen i minggan hergen i bithe）。光绪七年（1881 年）聚珍堂刻本，线装 1 册。页面 25 厘米 ×15 厘米，版框 17.5 厘米 ×12.5 厘米。白口单黑鱼尾，四周单边。满汉合璧，半叶满文、汉文各 5 行。版心有汉文书题名、卷次和页码。卷首存光绪五年（1879 年）浙江温州府裕彰《前言》。

БВФСПбГУ-СПб

94.《满汉合璧千字文》（manju nikan hergen be kamcime araha minggan hergen i bithe）一卷

〔南朝梁代〕周兴嗣撰，〔清〕裕彰译，又题《千字文》（minggan hergen i banjibume araha bithe）。文萃堂刻本，线装 1 册。页面 22.5 厘米 ×12.6 厘米，版框 18.3 厘米 ×11.5 厘米。白口单黑鱼尾，四周双边。满汉合璧，半叶满文、汉文各 5 行。版心有汉文书题名、页码和堂号。

БВФСПбГУ-СПб　ИВР РАН-СПб

95.《清语摘抄》（manju gisun i sonjofi sarkiyaha bithe）不分卷

〔清〕佚名撰，分类辞书。光绪十五年（1889 年）聚珍堂刻本，线装 4 册。页面 24.2 厘米 ×15.5 厘米，版框 18.5 厘米 ×13.3 厘米。白口单黑鱼尾，四周双边。满汉合璧，半叶满文、汉文各 9 行。版心有汉文各部词语类名、分类词语类名和页码。含《衙署名目》①《官衔名目》《摺奏成语》《公文成语》。

БВФСПбГУ-СПб

96.《清语摘抄》（manju gisun i sonjofi sarkiyaha bithe）不分卷

［清］佚名撰。光绪十七年（1891 年）名德堂刻本，线装 4 册。页面 26.2 厘米 ×15.7 厘米，版框 17.8 厘米 ×13.1 厘米。白口单黑鱼尾，四周双边。满汉合璧，半叶满文、汉文各 9 行。版心有汉文书题名和页码。

ИВР РАН-СПб

97.《初学必读》（tuktan tacire urse urunakū hūlaci acara bithe）不分卷

［清］佚名撰，按类排序的辞书。光绪十六年（1890 年）聚珍堂刻本，线装 5 册。页面 24 厘米 ×15.2 厘米，版框 19.8 厘米 ×13 厘米。白口单黑鱼尾，四周双边。满汉合璧，半叶满文、汉文各 5 行。版心有汉文书题名、类目和页码。

БВФСПбГУ-СПб ИВР РАН-СПб

98.《蒙文总汇》（monggo gisun i uheri isabuha bithe）一卷

［清］李铉、裕彰、福勒洪阿编，以《四体清文鉴》《满蒙文鉴》为基础，按满文十二字头顺序排列的分类辞书。光绪十七年（1891 年）武英殿刻本，线装 12 册。页面 27 厘米 ×18 厘米，版框 20 厘米 ×16 厘米。白口单鱼尾，四周双边。满蒙汉合璧，半叶满文、蒙古文、汉文各 3 行。版心有汉文页码和册数。

БВФСПбГУ-СПб

---

① 张春阳：《光绪朝满汉合璧本〈衙署名目〉探析》，载《满族研究》2019 年第 3 期。

99.《四体合璧文鉴》（duin hacin i hergen kamciha buleku bithe）
四十卷

　　［清］高宗敕撰，按"坎""艮""兑""震""巽""离""坤""乾" 8
类编排的辞典。刻本，线装 11 册。页面 28 厘米 ×18.8 厘米，版框 21.9 厘
米 ×16.8 厘米。白口，四周双边。满蒙藏汉合璧，半叶满文、蒙古文、藏
文和汉文各 3 行。版心有满文书题名、卷次，汉文类目和页码。首卷存满文、
蒙古文对照目录。

　　ИВР РАН-СПб　БВФСПбГУ-СПб

100.《御制四体清文鉴》（han i araha duin hacin i hergen kamciha
manju gisun i buleku bithe）三十六卷

　　［清］高宗敕撰，按类编排的辞书。乾隆年间武英殿刻本，线装 36 册。
页面 28.5 厘米 ×18 厘米，版框 21 厘米 ×19 厘米。白口，四周双边。满蒙
藏汉合璧，半叶满文、蒙古文、藏文、汉文各 2 行。版心有满文书题名、
卷次，汉文类目和页码。附《御制四体清文鉴补编》四卷。

　　ИВР РАН-СПб　РНБ-СПб

101.《蒙文指要》（monggo bithei oyonggo be joriha bithe）四卷

　　［清］赛尚阿辑，与《蒙文晰义》《蒙文法程》《便览正讹》同函刊
刻、统一编排卷次的辞书。道光二十八年（1848 年）刻本，线装 4 册。页
面 25 厘米 ×17 厘米，版框 20.5 厘米 ×15.5 厘米。白口双黑鱼尾，四周双
边。满蒙汉合璧，半叶满文、蒙古文、汉文各 8 行。版心有汉文卷次和页
码。内附《蒙文晰义》（monggo hergen i jurgan be faksalaha bithe）、《蒙
文法程》（monggo bithei koolingga durun bithe）、《三合便览正讹》（ilan
hacin i gisun kamcibuha tuwara be ja obuha bithei tašaraha babe tuwacihiyaha
bithe）和《三合便览补遗》（ilan hacin i gisun kamcibuha tuwara be ja obuha
bithe de melebuhengge be necetere bithe）。

　　БВФСПбГУ-СПб　ИВР РАН-СПб

102.《满汉成语对待》（manju nikan fe gisun be jofoho acabuha bithe）四卷 ※

［清］佚名撰，日常会话集。刻本，线装 4 册。页面 29 厘米 ×19 厘米，版框 17.9 厘米 ×14.6 厘米。白口单黑鱼尾，四周双边，满汉合璧，半叶满文、汉文各 7 行。版心有满文篇目，汉文卷次和页码。

БВФСПбГУ-СПб

103.《五译合璧集要》（sunja hacin gisun kamcime araha oyonggo baitalan toktoho）二卷 ※

佚名撰，分类辞书，又题《五音集要》。刻本，线装 2 册。页面 27 厘米 ×17.8 厘米，版框 21.3 厘米 ×15.8 厘米。满蒙藏汉梵文，半叶 5 横行。

ИВР РАН-СПб

104.《满汉字训旨十则》（manju nikan hergen i tacibure hesei bithe juwan hacin）一卷

［清］长寿、查郎阿撰，初学满语教材。雍正五年(1727 年)敬修堂刻本，线装 1 册。页面 24 厘米 ×15 厘米，版框 19.2 厘米 ×13.5 厘米。满汉合璧，半叶满文、汉文各 3 行。

ИВР РАН-СПб

105.《满汉合璧训旨》（manju nikan hergen i kamciha tacibure hese i bithe）不分卷 ※

［清］佚名著，清世宗皇帝训旨合辑。乾隆二十九年（1764 年）京口官学刻本，线装 1 册。页面 24 厘米 ×16 厘米，版框 20 厘米 ×14.5 厘米。满汉合璧，半叶满文、汉文各 4 行。

БВФСПбГУ-СПб

106.《满汉合璧训旨》（manju nikan hergen i kamciha tacibure hese i bithe）不分卷 ※

［清］佚名著，清世宗皇帝训旨合辑。刻本，线装 1 册。页面 24 厘米 ×16 厘米，版框 20 厘米 ×14.5 厘米。满汉合璧，半叶满文、汉文各 4 行。

БВФСПбГУ-СПб

107.《易经》（i ging）不分卷 ※

［清］佚名译，据《满汉经文成语》中"书""易""诗"三部分所抄的词汇集。咸丰十一年（1861 年）抄本，线装 1 册，残卷。页面 36 厘米 ×22 厘米。满汉合璧，半叶满文、汉文各 7 行，满文在上，汉文在下。原书无题名，卷首存乾隆二年（1737 年）《序言》。

ИВР РАН-СПб

108.《春秋》（cūn cio bithe）不分卷 ※

［东周］左丘明编撰，［清］佚名译，据乾隆四十九年（1784 年）武英殿刻本《御制翻译春秋》所抄节选。抄本，线装存 10 册，残卷。页面 21 厘米 ×15.5 厘米。满文，半叶 9 行。

ИВР РАН-СПб

109.《左传》（dzo juwan bithe）一卷 ※

［东周］左丘明编撰，［清］佚名译，《左传》隐公十一年（公元前 722 年—公元前 712 年）内容的满文译本。抄本，线装 1 册，计 10 页。页面 25 厘米 ×16 厘米。满蒙合璧，半叶满文、蒙古文各 3 行，部分行间存蒙古文或汉文注释。原书无书题名，首页左上方书汉文"左传首部"，首页及末页残破。

ИВР РАН-СПб

110.《大学》（amba tacin i bithe）一卷 ※

［清］佚名译，据乾隆二十一年（1756 年）武英殿刻本《御制翻译四书》所抄节选。抄本，线装 1 册，计 2 页，其中 1 页为红字印写，内容相同。页面 23.8 厘米 ×19.5 厘米。满汉合璧，半叶满文、汉文各 4 行。[1]

ИВР РАН-СПб

111.《孟子卷之六朱熹集注告子章句上》（mengdzi bithe ningguci debtelin ju hi ji ju gao dzi jang giui dergi）一卷 ※

［清］佚名译，存卷六《告子章句·上》。抄本，线装 1 册，计 10 页。页面 23 厘米 ×18 厘米。满文，半叶 12 行。封面存满文题名 han i ubaliyambuha duin bithe mengdzi fejergi "御制翻译四书孟子下"。末页残破。

ИВР РАН-СПб

112.《孟子》（mengdzi bithe）一卷 ※

［清］佚名译，存卷三《滕文公章句·下》。抄本，线装 1 册，计 10 页。页面 23 厘米 ×18 厘米。满文，半叶 12 行。封面存书题名满文 han i ubaliyambuha duin bithe mengdzi fejergi "御制翻译四书孟子下"。末页残破。[2]

ИВР РАН-СПб

113.《清文启蒙》（cing wen ki meng bithe）不分卷 ※

［清］舞格撰，［清］程明远、佩和校。乾隆六年（1741 年）抄本，线装 4 册。页面 27 厘米 ×20 厘米。上、下两栏，上栏满汉合璧，半叶满文、汉文各 5 行，行间存俄文注释，下栏为俄文翻译。仅存《兼汉满州套话》。

ИВР РАН-СПб

---

① 科布杰夫：《〈大学〉在俄罗斯的命运》，张冰译，载《国际比较文学》2020 年第 3 期。

② 张鸿彦：《〈孟子〉在俄罗斯的译介》，载《俄罗斯文艺》2019 年第 2 期。

114.《清文启蒙》（cing wen ki meng bithe）不分卷 ※

〔清〕舞格撰，〔清〕程明远、佩和校。乾隆四十八年（1783 年）抄本，线装 1 册。页面 21.5 厘米 ×17 厘米。满汉合璧，半叶满文、汉文各 6 行。

ИВР РАН-СПб

115.《满汉字清文启蒙》（manju nikan hergen i cing wen ki meng bithe）四卷 ※

〔清〕舞格撰，〔清〕程明远、佩和校。抄本，线装 1 册。页面 27 厘米 ×20 厘米。满汉俄合璧，半叶满文、汉文、俄文各 5 行。含《满洲十二字头单字联字指南》《切韵清字》《满洲外单字》《满洲外联字》《满洲文助语虚字》。

БВФСПбГУ-СПб

116.《钞本初学指南》（tuktan tacire ursei temgetu jorin bithe）二卷 ※

〔清〕富俊辑，〔清〕敬轩抄，满文蒙古文学习教材，其中所涉蒙古文均以满文拼写。抄本，线装 1 册。页面 25 厘米 ×15 厘米。满蒙合璧，半叶满文、蒙古文各 3 行。

БИГУ-И

117.《一百条书》（tanggū meyen i bithe）不分卷 ※

〔清〕智信著。抄本，线装 1 册，计 59 页。页面 28 厘米 ×18 厘米。满文，半叶 7 行。封面书朱色满文书题名 tanggū meyen i bithe ujui debtelin "《一百条书·第一册》"与俄文书题名 Сто разговоров на маньчжурском языке "满文一百条"，另其中部分叶正文前书朱色满文 urebu "作业"。

ИВР РАН-СПб

118.《十二字头》（juwan juwe ujui bithe）不分卷 ※

［清］廖纶几撰，学习满文字母的教科书。雍正七年（1729 年）抄本，线装 1 册。页面 22.5 厘米 ×19 厘米。满文，半叶 10 行。

ИВР РАН-СПб

119.《十二头》（juwan juwe uju bithe）不分卷 ※

［清］廖纶几撰。光绪二十三年（1897 年）抄本，线装 1 册。页面 24.5 厘米 ×17.5 厘米。满汉合璧，首个半叶满汉文各 10 行，其余半叶满汉文各 3 行。

ИВР РАН-СПб

120.《十二头》（juwan juwe uju bithe）不分卷 ※

［清］廖纶几撰。抄本，线装 1 册。页面 22 厘米 ×19.7 厘米。满文，半叶 20 行。封面自右向左依次为汉文书题名"十二头"、满文章节题名 suwetename i hūlara bithe "寻读之书" 与 tenihen tacire buya juse be yarhūdame tacibure, emu debtelin "小儿导读·一册"。

ИВР РАН-СПб

121.《音汉清文鉴》（manju gisun i buleku bithe sonjome araha bithe）五卷 ※

［清］明铎等编。抄本，线装 2 册。页面 24.8 厘米 ×20 厘米。满文，首册前五叶半叶 12 行，其余半叶 4 行，偶有俄文或汉文注释，扉页存俄文说明。

ИВР РАН-СПб

122.《一学三贯清文鉴》（emu be tacifi ilan be hafukiyara manju gisun i buleku bithe）四卷 ※

［清］屯图等撰。抄本，线装 4 册。页面 27 厘米 ×19 厘米。满汉合璧，半叶满文、汉文各 6 行。

БВФСПбГУ-СПб

123.《三体合璧文鉴》（ilan hacin i hergen kamciha buleku bithe）不分卷 ※

佚名辑，分类辞书，汉文释义以满文字母标注。道光二十六年（1846 年）抄本，线装 16 册。页面 23.3 厘米 ×23.3 厘米，白口，四周单边。满蒙汉合璧，半叶满文、蒙古文、汉文各 4 行。版心有汉文书题名和页码。

ИВР РАН-СПб

124.《实录内摘出旧清语》（yargiyan kooli ci tukiyeme tucibuhe fe manju gisun i bithe）十四卷 ※

［清］佚名撰。抄本，线装 10 册。页面 28 厘米 ×17.5 厘米。满文，半叶 6 行。

БВФСПбГУ-СПб

125.《御制增订清文鉴》（han i araha nonggime toktobuha buleku bithe）不分卷 ※

［清］傅恒等奉敕编撰。光绪二十九年（1903 年）抄本，线装 8 册。页面 22 厘米 ×17.6 厘米。满汉合璧，半叶 11 行，小字双行。每册以满文天干地支排序，正文部分词语存俄文释义。

ИВР РАН-СПб

126.《三合便览》（ilan hacin i gisun kamcibuha tuwara de ja obuha bithe）不分卷 ※

[清] 敬斋辑，[清] 富俊增补。抄本，线装 6 册。页面 25 厘米 ×18 厘米。满蒙汉合璧，半叶满文、蒙古文、汉文各 6 行。首册前五叶半叶部分词语存有俄文注释，全书部分词语存有藏文翻译。

ИВР РАН-СПб

127.《钦定清汉对音字式》（hesei i toktobuha cing han dui in dzi ši bithe）不分卷 ※

[清]高宗敕撰，增加了蒙古文标音与字头型的《钦定清汉对音字式》。咸丰七年（1857 年）抄本，线装 1 册，计 53 页。页面 27.3 厘米 ×23 厘米。自上至下依次为拉丁文标满文语音、蒙古文、满文、汉文标满文语音、蒙古文字头型，半叶 11 行。

ИВР РАН-СПб

128.《清文典要》（manju bithei kooli šošohon i bithe）不分卷 ※

[清]秋芳堂主人辑。抄本，线装 3 册。页面 26 厘米 ×17 厘米。满汉合璧，半叶满文、汉文各 7 行。

БВФСПбГУ-СПб

129.《清文典要大全》（manju bithe i kooli šošohon i yooni bithe）四卷 ※

[清]明昌、伍尔泰等撰，以《清文典要》为蓝本，按《康熙字典》部首排列的辞书，收词两万余条。乾隆五十八年（1793 年）抄本，线装 20 册。页面 17.4 厘米 ×12.2 厘米。满汉合璧，半叶满文、汉文各 4 行。卷前存乾隆五十八年（1793 年）明昌、伍尔泰撰《序言》。

БВФСПбГУ-СПб

130.《满汉合璧千字文》（manju nikan hergen be kamcime araha minggan hergen i bithe）不分卷 ※

［南朝梁代］周兴嗣撰，［清］裕彰译。抄本，毛装 1 册，计 18 页。页面 18 厘米 ×13 厘米。满汉合璧，半叶 7 行。

БВФСПбГУ-СПб

131.《文鉴》（buleku bithe）不分卷 ※

［清］佚名辑，《御制清文鉴》节选。抄本，线装 13 册，前两册残损严重。页面 23 厘米 ×17.5 厘米。满文，半叶 13 行。

ИВР РАН-СПб

132.《清文虚字歌》（manju gisun i untuhun hergen be tacibure bithe）不分卷 ※

［清］厚安辑，讲述满语虚词的语法教材，《清文虚字》节选，以《重刻清文虚字指南编》为蓝本。抄本，线装 1 册。页面 24 厘米 ×14.8 厘米。满汉合璧，半叶满文、汉文各 6 行。

РГБ-М

二、史　部

1.《金史》（aisin gurun i suduri bithe）九卷

［元］脱脱等撰，［清］希福等译，纪传体断代史书《金史》的满文译本。顺治三年（1646年）内府刻本，线装9册。页面32厘米×21厘米，版框25.5厘米×18.5厘米。白口单黑鱼尾，四周双边。满文，半叶8行。版心有满文书题名、页码和卷次。

ИВР РАН-СПб БВФСПбГУ-СПб

2.《辽史》（dai liyoo gurun i suduri bithe）八卷

［元］脱脱等撰，［清］希福等译，纪传体断代史书《辽史》的满文译本。顺治三年（1646年）内府刻本，线装8册。页面32.8厘米×20.5厘米，版框25.5厘米×18.5厘米。白口单黑鱼尾，四周双边。满文，半叶8行，小字双行。版心有满文书题名、卷次和页码。卷前存内弘文院大学士希福等题本。

ИВР РАН-СПб БВФСПбГУ-СПб

3.《元史》（dai yuwan i suduri bithe）十四卷 ①

　　［明］宋濂、王袆等撰，［清］希福等译，纪传体断代史书《元史》的满文译本。顺治三年（1646 年）内府刻本，线装 14 册。页面 36 厘米 ×20.5 厘米，版框 27.3 厘米 ×18.7 厘米。白口单黑鱼尾，四周双边。满文，半叶 8 行。版心有满文书题名、页码和卷次。

　　ИВР РАН-СПб　БВФСПбГУ-СПб

4.《辽金元三史国语解》（dailiyoo aisin dai yuwan ere ilan gurun i suduri de bisire gisun be suhe bithe）四十六卷 ②

　　［清］高宗敕撰，将《辽史》《金史》《元史》中同一词使用汉字不统一情况加以更正并分析来源与语义的辞书。刻本，线装 16 册。页面 27.8 厘米 ×17.6 厘米，版框 21.3 厘米 ×15.1 厘米。白口单鱼尾，上下单边，左右双边。满汉合璧，半叶满文、汉文各 6 行，小字满文、汉文各 4 行。版心有汉文书题名、卷次、篇目和页码。

　　РНБ-СПб

5.《纲鉴会纂》（hafu buleku bithe）不分卷 ※

　　［明］王世贞撰，［清］佚名译，又题《通鉴》《通鉴辑要》。顺治元年（1644 年）刻本，线装存 3 册。页面 37.5 厘米 ×23 厘米，版框 30.2 厘米 ×21.8 厘米。白口单黑鱼尾，四周双边。满文，半叶 7 行。版心依次为满文书题名、页码和卷次。

　　ИВР РАН-СПб

---

① 乌兰巴根：《〈元史〉满蒙翻译研究》，中央民族大学博士学位论文，2009 年。
② 乌兰巴根：《清初辽、金、元三史满文、蒙古文翻译研究述评》，载《中国边疆学（第一辑）》2013 年。

6.《通鉴辑要》（hafu buleku bithei oyonggo be šošoho bithe）十卷

[明]王世贞撰，[清]佚名译，编年体史书《通鉴辑要》的满文译本，又题《通鉴》（hafu buleku i bithe）、《纲鉴会纂》。雍正三年（1725年）刻本，线装10册。页面32.8厘米×19.9厘米，版框23.7厘米×15.7厘米。白口单黑鱼尾，四周双边。满汉合璧，半叶满文、汉文各5行，小字双行。版心有满文书题名、页码和卷次。

ИВР РАН-СПб　РНБ-СПб

7.《御制资治通鉴纲目》（han i araha dzi jy tung giyan g'ang mu bithe）一百一十一卷

[南宋]朱熹、赵师渊编，[明]南轩、商洛撰，[清]和素译，史书《资治通鉴纲目》的满文译本，记载上起周威烈王二十三年（公元前403年）下迄元顺帝至正二十七年（1367年）间历史。康熙三十年（1691年）武英殿刻本，线装95册。页面31厘米×20厘米，版框23.6厘米×16.4厘米。白口，四周双边。满文，半叶8行，小字双行。版心有满文书题名、卷次、年代和汉文页码。《资治通鉴纲目正编》五十九卷、《资治通鉴纲目前编》二十五卷、《资治通鉴纲目续编》二十七卷。

РНБ-СПб　ИВР РАН-СПб　БВФСПбГУ-СПб　БИГУ-И　НБИГОМ-И　СОРАН-НСб

8.《亲征平定朔漠方略》（beye dailame wargi amargi babe necihiyeme toktobuha bodogon bithe）四十九卷

[清]温达等奉敕编撰，记载清朝与准噶尔部蒙古、喀尔喀部蒙古关系以及清圣祖亲征情况的史书，记载上起康熙十六年（1677年）蒙古准噶尔部噶尔丹奉表进贡，敕谕准噶尔部蒙古与喀尔喀部蒙古修好等事，下迄康熙三十八年（1699年）噶尔丹侄策妄阿拉布坦献噶尔丹尸体事，又题

《御制平定朔漠方略》（han i araha wargi amargi ba be necihiyeme toktobuha bodogon i bithe）。康熙四十八年（1709 年）武英殿刻本，线装 49 册。页面 32.5 厘米 ×20.8 厘米，版框 24 厘米 ×14.6 厘米。白口单黑鱼尾，四周单边。满文，半叶 7 行。版心有满文书题名、卷次和汉文页码。

ИВР РАН-СПб　БИГУ-И

9.《御制平定朔漠方略》（han i araha wargi amargi babe necihiyeme toktobuha bodogon bithe）五十卷

［清］温达等奉敕编撰，又题《亲征平定朔漠方略》（beye dailame wargi amargi babe necihiyeme toktobuha bodogon bithe）。康熙四十年（1701 年）武英殿刻本，线装 50 册。页面 31 厘米 ×18.5 厘米，版框 20 厘米 ×14.5 厘米。白口单黑鱼尾，四周单边。满文，半叶 7 行。版心有满文书题名、卷次和汉文页码。

БВФСПбГУ-СПб

10.《平定准噶尔方略》（jungar i babe necihiyeme toktobuha bodogon i bithe）一百七十一卷

［清］傅恒等撰，清朝治理准噶尔地区的史书。乾隆三十五年（1770 年）武英殿刻本，线装 100 册。页面 34.2 厘米 ×21.5 厘米，版框 24.2 厘米 ×15.9 厘米。白口，四周双边。满文，半叶 7 行。版心有满文书题名、册数和汉文页码。卷前存乾隆三十五年（1770 年）《序言》。分《前编》、《正编》与《续编》。《前编》五十四卷，记叙康熙三十九年（1700 年）至乾隆十七年（1752 年）准噶尔部叛乱缘起；《正编》八十五卷，记叙乾隆十八年（1753 年）至乾隆二十五年（1760 年）清军平定准噶尔叛乱始末；《续编》三十二卷，含《纪略》一卷，记叙乾隆二十五年（1760 年）至乾隆三十年（1765 年）清朝治理准噶尔地区规划。

РНБ-СПб　БВФСПбГУ-СПб

11.《平定两金川方略》（dzanla cucin i babe necihiyeme toktobuha bodogon i bithe）一百三十六卷

　　［清］阿桂等撰，记载乾隆二十年（1755 年）至乾隆四十四年（1779 年）清朝平定大金川（今四川省西北部阿坝藏羌自治州）莎罗奔侄孙索诺木联合小金川（今四川省小金县）僧格桑反清事的史书。乾隆四十五年（1780 年）武英殿刻本，线装 120 册。页面 31 厘米 ×19.7 厘米，版框 22.7 厘米 ×16.5 厘米。白口，四周双边。满文，半叶 7 行。版心有满文书题名、卷次，汉文卷次和页码。

　　БВФСПбГУ-СПб　ИВР РАН-СПб

12.《皇清开国方略》（daicing gurun i fukjin doro neihe bodogon i bithe）三十二卷

　　［清］阿桂著。乾隆五十一年（1786 年）武英殿刻本，线装 32 册。页面 36.7 厘米 ×24 厘米，版框 27.3 厘米 ×20.2 厘米。白口单黑鱼尾，四周双边。满文，半叶 8 行，小字双行。版心有满文书题名、卷次和页码。全书按时间顺序编排，始自明万历十一年（1583 年）清太祖起兵讨伐尼堪外兰，攻克图伦城，迄至顺治元年（1644 年）入关。

　　ИВР РАН-СПб　РНБ СПб　БВФСПбГУ-СПб

13.《太祖皇帝大破明师于萨尔浒山之战书事文》（taidzu hūwangdi i ming gurun i coohabe sargū alin de ambarame efulehe baita be tucibume araha bithe）一卷

　　［清］高宗御撰，清高宗为纪念清军萨尔浒山之战大捷所著的军事著作。刻本，线装 1 册。页面 27 厘米 ×17 厘米，版框 19 厘米 ×14 厘米。白口单黑鱼尾，四周双边。版心有满文书题名、卷次、篇目和汉文页码。满汉合璧，半叶满文、汉文各 7 行。

　　ИВР РАН-СПб

14.《太宗皇帝大破明师于松山之战书事文》（taidzung hūwangdi ming gurun i cooha be sung šan de ambarame efuleme afaha baita be acame araha bithe）一卷

［清］仁宗御撰，清仁宗为纪念清军松山之战大捷所著的军事著作。刻本，毛装 1 册。页面 27.3 厘米 ×16.7 厘米，版框 19.3 厘米 ×14.2 厘米。白口单黑鱼尾，四周双边。满汉合璧，半叶满文、汉文各 7 行。版心有满文书题名、卷次、篇目和汉文页码。

БВФСПбГУ-СПб　ИВР РАН-СПб

15.《圣祖仁皇帝庭训格言》（šengdzu gosin hūwangdi i booi tacihiyan i ten i gisun）二卷

［清］世宗辑，清圣祖圣训汇编，内容涉及安邦、治国、勤政、自制、节俭、饮食和起居等。雍正八年（1730 年）刻本，线装 2 册。页面 28.5 厘米 ×19 厘米，版框 21 厘米 ×15.5 厘米。白口单黑鱼尾，四周双边。满文，半叶 7 行。版心有满文书题名、卷次和汉文页码。

БВФСПбГУ-СПб　ИВР РАН-СПб

16.《清文明洪武要训》（ming gurun i hung u i oyonggo tacihiyan）不分卷 ※

［清］刚林译，又题《清文明洪武宝训》。顺治三年（1646 年）刻本，线装 6 册。页面 33.8 厘米 ×21.2 厘米，版框 26.1 厘米 ×18.3 厘米。白口。满文，半叶 8 行。版心有满文书题名、卷次和页码。

ИВР РАН-СПб　БВФСПбГУ-СПб　РНБ-СПб

17.《大清太祖高皇帝圣训》（daicing gurun i taidzu dergi hūwangdi i enduringge tacihiyan）四卷

［清］圣祖敕撰，清太祖圣训合辑，分敬天、圣孝等 26 则，计 92 条。

乾隆四年（1739 年）武英殿刻本，线装 4 册。页面 30.5 厘米 ×19.5 厘米，版框 24.2 厘米 ×17 厘米。白口单黑鱼尾，四周双边。满文，半叶 9 行。版心有满文书题名、卷次和页码。

ИВР РАН-СПб

18.《大清太宗文皇帝圣训》（daicing gurun i taidzung genggiyen šu hūwangdi i da hergin i bithe）六卷

［清］世祖敕撰，清太宗圣训合辑，分论治道、谕诸王等 23 则，计 110 条。乾隆四年（1739 年）刻本，线装 6 册。页面 30.5 厘米 ×20 厘米，版框 24.5 厘米 ×17 厘米。白口单黑鱼尾，四周双边。满文，半叶 9 行。版心有满文书题名、卷次和页码。卷前存乾隆四年（1739 年）《御制序言》1 篇。康熙二十六年（1687 年）清圣祖谕令续编。

ИВР РАН-СПб

19.《大清圣祖仁皇帝圣训》（šengdzu gosin hūwangdi i enduringge tacihiyan）六十卷

［清］世宗敕撰，清圣祖圣训合辑，分圣孝、圣德等 32 则，计 190 条。乾隆六年（1741 年）武英殿刻本，线装 60 册。页面 30.5 厘米 ×20 厘米，版框 24.5 厘米 ×17 厘米。白口单黑鱼尾，四周双边。满文，半叶 9 行。版心有满文书题名、卷次和页码。卷首存雍正十二年（1734 年）《序言》。

ИВР РАН-СПб БИГУ-И

20.《大清高宗纯皇帝圣训》（daicing gurun i g'aodzung yongkiyang- ga hūwangdi i enduringge tacihiyan）三百卷

［清］仁宗敕撰，清高宗圣训合辑，分圣德、圣孝等 40 则，计 1300 条。嘉庆十二年（1807 年）武英殿刻本，线装 300 册。页面 30.5 厘米 ×20 厘米，版框 24.5 厘米 ×17 厘米。白口单黑鱼尾，满文，四周

双边。半叶 9 行。版心有满文书题名、卷次和页码。

ИВР РАН-СПб　БВФСПбГУ-СПб

21.《大清仁宗睿皇帝圣训》（ daicing gurun i žindzung sunggiyen hūwangdi i enduringge tacihiyan ）一百一十卷

［清］宣宗敕撰，清仁宗圣训合辑，分圣德、圣孝 35 则，计 800 条。道光四年（1824 年）武英殿刻本，线装 110 册。页面 30.5 厘米 ×20 厘米，版框 24.5 厘米 ×17 厘米。白口单黑鱼尾，四周双边。满文，半叶 9 行。版心有满文书题名、卷次和页码。

ИВР РАН-СПб　БВФСПбГУ-СПб

22.《清文五朝圣训》（ enduringge tacihiyan ）十卷 ※

［清］佚名著，内含《大清太祖高皇帝圣训》《大清太宗文皇帝圣训》《大清世祖章皇帝圣训》《大清圣祖仁皇帝圣训》《大清世宗宪皇帝圣训》。刻本，线装 10 册。页面 30.5 厘米 ×20.5 厘米，版框 24 厘米 ×17 厘米。白口单黑鱼尾，四周双边。满文，半叶 9 行。版心有满文书题名、卷次和页码。

ИВР РАН-СПб　БВФСПбГУ-СПб　РНБ-СПб

23.《上谕八旗》（ dergi hese jakūn gūsa de wasimbuhangge ）十三卷

［清］允禄等编，康熙六十一年（1722 年）至雍正十三年（1735 年）八旗政务相关谕旨合辑，其中康熙六十一年（1722 年）至雍正五年（1727 年）谕旨于雍正九年（1731 年）刊刻而成，雍正六年（1728 年）至雍正十三年（1735 年）谕旨于乾隆六年（1741 年）续刊而成。刻本，线装 20 册。页面 24 厘米 ×17 厘米，版框 20.7 厘米 ×14.9 厘米。白口单黑鱼尾，四周双边。满文，半叶 11 行。版心有满文书题名、年代和页码。

ИВР РАН-СПб　РНБ-СПб　БВФСПбГУ-СПб

24.《谕行旗务奏议》（hese i yabubuha hacilame wesimbuhe gūsa i baita）十三卷

［清］允禄等编，雍正元年（1723 年）至雍正十三年（1735 年）八旗大臣奏议事务的合辑。雍正十三年（1735 年）刻本，线装 13 册。页面 24 厘米 ×17.5 厘米，版框 21 厘米 ×15 厘米。白口单黑鱼尾，四周双边。满文，半叶 12 行。版心有满文书题名、年代，汉文年代和页码。

БВФСПбГУ-СПб　ИВР РАН-СПб

25.《上谕旗务议覆》（dergi hesei wasimbuha gūsai baita be dahūme gisurefi wesimbuhangge）十二卷

［清］允禄等编，雍正元年（1723 年）至雍正十二年（1734 年）皇帝对各衙门及大臣议复八旗事务御批合辑，内容包括行政、官职、军事和生活等。雍正年间刻本，线装 12 册。页面 24.1 厘米 ×17.2 厘米，版框 21 厘米 ×14.7 厘米。白口单黑鱼尾，四周双边。满文，半叶 11 行。版心有满文书题名、年代和汉文页码。与《谕行旗务奏议》和《上谕八旗》同函刊刻。

БВФСПбГУ-СПб　ИВР РАН-СПб

26.《八旗满洲氏族通谱》（jakūn gūsai manjusai mukūn hala be uheri ejehe bithe）八十卷

［清］鄂尔泰等撰，记述八旗及姓氏的著作，记录除爱新觉罗氏外包括八旗满洲、八旗蒙古与八旗汉军的 1114 条姓氏，二万三千余人，同时对每个姓氏来源进行详细记录，并对其中功勋卓著的 2240 人立传著书，其余人等均列入《附载》，其子孙有功绩者另附传于后。乾隆九年（1744 年）武英殿刻本，线装 26 册。页面 28 厘米 ×17 厘米，版框 20 厘米 ×14.5 厘米。白口单黑鱼尾，四周双边。满文，半叶 17 行，小字双行。版心有满文书题名、卷名和页码。

ИВР РАН-СПб　БВФСПбГУ-СПб

27.《宗室王公功绩表传》（uksun i wang gung sei gungge faššan be iletulere ulabun）六卷 ①

［清］允秘等撰，清高宗为纪念各宗室王公为清朝建立所做贡献，特命国史馆以表传形式编撰的传记体裁史书，记事涉及乾隆朝前诸亲王、郡王、贝勒、贝子、辅国公和镇国公等。乾隆二十九年（1764 年）刻本，毛装 7 册。页面 30.3 厘米 ×19.5 厘米，版框 22.5 厘米 ×17 厘米。白口双黑鱼尾，四周双边。满文，半叶 8 行。版心有满文书题名、册数和页码。

БВФСПбГУ-СПб

28.《钦定外藩蒙古回部王公表传》（hesei toktobuha tulergi monggo hoise aiman i wang gung sei iletun ulabun）不分卷 ※

［清］庆桂等撰，清高宗为纪念蒙古、西藏与回部诸王公为清朝建立及边疆稳定所做贡献，特命国史馆、理藩院以表传形式编撰的传记体裁史书，所载各部落王、公、贝勒和台吉等一千三百余人，又题《钦定外藩蒙古回部王公功绩表传》。乾隆四十四年（1779 年）刻本，毛装存 60 册。页面 35 厘米 ×23 厘米，版框 26 厘米 ×20 厘米。白口单黑鱼尾，四周双边。满文，半叶 8 行，行数不等。版心有满文书题名、卷数和页码。

БВФСПбГУ-СПб　ИВР РАН-СПб

29.《钦定续纂外藩蒙古回部王公表传》（hesei toktobuha sirame acabuha tulergi monggo hoise aiman i wang gung sei iletun ulabun）四十八卷

［清］穆彰阿等撰，清高宗为纪念蒙古、西藏与回部诸王公为清朝建立及边疆稳定所做贡献，特命国史馆、理藩院以表传形式编撰的传记体裁史书，记事上起嘉庆元年（1796 年），下迄道光年间。道光二十九年（1849 年）武英殿刻本，线装 110 册。页面 34.5 厘米 ×22 厘米，版框 23.3 厘米 ×20 厘米。白口单黑鱼尾，四周双边。满文，半叶 7 行，小字双行。版心有满文书题名、

---

① 额尔敦高娃：《满蒙汉三体〈王公表传〉研究——以喀尔喀扎萨克图汗部为中心》，内蒙古大学博士学位论文，2012 年。

卷次、页码，汉文卷次和页码。

БВФСПбГУ-СПб

30.《御制清凉山新志》（han i araha cing liyang šan alin i ice jy bithe）十卷

［清］罗卜藏丹巴撰，地理历史类山水志。康熙四十年（1701年）刻本，线装10册。页面28.2厘米×17.8厘米，版框20厘米×14厘米。白口双黑鱼尾。满文，半叶7行。版心有满文书题名、卷次和汉文页码。

ИВР РАН-СПб БВФСПбГУ-СПб

31.《异域录》（lakcaha jecen de takūraha bade ejehe bithe）二卷①

［清］图里琛撰，介绍土尔扈特、蒙古、俄罗斯人文山川、地理历史、风土人情的著作。雍正元年（1723年）九耐堂刻本，线装2册。页面28厘米×17厘米，版框21厘米×15厘米。白口单黑鱼尾，四周双边。满文，半叶7行。版心有汉文书题名、卷次和页码。

БВФСПбГУ-СПб ИВР РАН-СПб РНБ-СПб

32.《御制人臣儆心录》（han i araha ambasai mujilen be targabure bithe）不分卷

［清］世祖御撰，以功臣谭泰、石汉和大学士陈名夏骄横跋扈为戒而作的《植党论》《好名论》《营私论》《徇利论》《骄志论》《作伪论》《附势论》《旷官论》8篇文章合辑，以警戒群臣。顺治十二年（1655年）刻本，线装1册。页面23.4厘米×14.5厘米，版框16.7厘米×11.5厘米。白口单黑鱼尾，四周双边。满文，半叶6行。版心有汉文书题名，满文书题名和页码。卷前存顺治十二年（1655年）《序言》。

ИВР РАН-СПб

---

① 李雄飞：《传世孤本九耐堂刻本〈异域录〉考》，载《满语研究》2014年第2期。

33.《钦定满洲源流考》（hesei toktobuha manjusai da sekiyen i kimcin bithe）二十卷 ※

[清] 阿桂等撰，民族史地志。乾隆四十二年（1777 年）刻本，线装存 17 册。页面 27.5 厘米 ×19 厘米，版框 22.5 厘米 ×16.5 厘米。白口，四周双边。满文，半叶 8 行，版心依次为满文书题名、卷次、篇目和页码。

БВФСПбГУ-СПб

34.《钦定中枢政考》（hesei toktobuha coohai jurgan i baitai kooli bithe i šošohon）三十一卷

[清] 福隆安等撰，康熙、雍正、乾隆三朝有关八旗和绿营各项规章制度的合辑。乾隆三十九年（1774 年）刻本，线装 40 册。页面 27.8 厘米 ×17.5 厘米，版框 20.5 厘米 ×16.5 厘米。满文，半叶 9 行。白口单黑鱼尾，四周双边。版心有满文书题名、卷次、篇目，汉文页码和篇目。

ИВР РАН-СПб

35.《钦定增修中枢政考》（hesei toktobuha coohai jurgan i sirame banjibuha baitai kooli bithe）七十八卷

[清] 阿桂等撰，嘉庆朝与道光朝在《中枢政考》基础上续撰《八旗中枢政考》三十二卷、《绿营中枢政考》四十卷、《八旗事例》一卷、《绿营事例》三卷的合辑。乾隆五十九年（1794 年）武英殿刻本，线装 4 册。页面 27.3 厘米 ×17.5 厘米，版框 18.4 厘米 ×15.5 厘米。白口单黑鱼尾，四周双边。满文，半叶 9 行。版心有满文书题名、卷次，汉文卷次和页码。首卷存 3 份编撰过程书启，日期分别为嘉庆十二年七月十九日（1807 年 8 月 22 日）、嘉庆十三年九月二十日（1808 年 9 月 20 日）和嘉庆十五年二月二十三日（1810 年 3 月 27 日）。

ИВР РАН-СПб БВФСПбГУ-СПб БИГУ-И

36.《钦定中枢政考》（hesei toktobuha coohai jurgan i baitai kooli bithe i šošohon）三十一卷 ※

[清]来保等撰。嘉庆七年（1802 年）刻本，线装 31 册。页面 27.5 厘米×17.5 厘米，版框 20.5 厘米×15.5 厘米。白口单黑鱼尾，四周双边。满文，半叶 9 行。版心依次为满文书题名、卷次、篇目，汉文页码和篇目。

БВФСПбГУ-СПб БИГУ-И

37.《钦定增修中枢政考》（hesei toktobuha coohai jurgan i sirame banjibuha baitai kooli bithe）四卷 ※

[清]阿桂等撰。嘉庆十五年（1810 年）刻本，线装 4 册。页面 27.3 厘米×17.5 厘米，版框 18.4 厘米×15.5 厘米。白口单黑鱼尾，四周双边。满文，半叶 9 行。版心有满文书题名、汉文卷次、满文篇名和汉文页码。

ИВР РАН-СПб

38.《吏治辑要》（dasan i oyonggo isabuha bithe）不分卷 ※

[清]高鹗著，[清]通瑞译，吏治整顿案例的汇编，提出清廉为官的思想及行为标准，又题《御制吏治辑要》（han i araha dasan i oyonggo isabuha bithe）。道光二年（1822 年）京都三槐堂刻本，线装 1 册。页面 28.7 厘米×14.2 厘米，版框 20 厘米×12.8 厘米，白口单黑鱼尾，四周双边。满汉合璧，半叶满文、汉文各 5 行。版心有汉文书题名和页码。卷首存道光二年（1822 年）译者通瑞撰《序言》。

БВФСПбГУ-СПб

39.《三合吏治辑要》（ilan hacin i gisun kamcibuha hafan i dasan i oyonggo be isabuha bithe）不分卷

[清]高鹗著，[清]通瑞译满文，[清]孟保译蒙古文。咸丰七年（1857 年）刻本，线装 1 册。页面 26.5 厘米×15.5 厘米，版框 20.3 厘米×14.5 厘米，

白口单黑鱼尾，四周双边。满蒙汉合璧，半叶满文、蒙古文、汉文各 3 行。版心有汉文书题名和页码。

ИВР РАН-СПб　РНБ-СПб　БВФСПбГУ-СПб　СОРАН-НСб

40.《吏治辑要》（dasan i oyonggo isabuha bithe）不分卷

［清］高鹗著，［清］通瑞译。道光三年（1823 年）京都三槐堂刻本，线装 1 册。白口单黑鱼尾，四周双边。页面 26 厘米 ×15 厘米，版框 20 厘米 ×13 厘米。版心有汉文书题名、卷次和页码。满汉合璧，半叶满文、汉文各 5 行。卷首存道光二年（1822 年）译者通瑞撰《序言》。

ИВР РАН-СПб　БВФСПбГУ-СПб

41.《吏治辑要》（dasan i oyonggo isabuha bithe）不分卷

［清］高鹗著，［清］通瑞译。光绪十三年（1887 年）聚珍堂刻本，线装 1 册。页面 24.7 厘米 ×15.3 厘米，版框 19.9 厘米 ×13.5 厘米。白口单黑鱼尾，四周双边。满汉合璧，半叶满文、汉文各 5 行。版心有汉文书题名和页码。卷首存道光二年（1822 年）译者通瑞撰《序言》。

БВФСПбГУ-СПб

42.《刑部新定现行例》（weilere jurgan ne yabure kooli）二卷

［清］黄机等撰，清朝刑部量刑定罪的法典。康熙十九年（1680 年）武英殿刻本，线装 2 册。页面 37 厘米 ×23 厘米，版框 30.7 厘米 ×20.7 厘米。白口单黑鱼尾，四周双边。满文，半叶 9 行。版心有满文书题名、卷次、篇目和页码。

ИВР РАН-СПб

43.《大清会典》（daicing gurun i uheri kooli bithe）一百六十二卷①

[清]伊桑阿等撰，清朝典章制度汇编，以职官为纲，记录六部、宗人府、内阁等衙署部门建制、司职、规章、品级和掌故等。康熙二十九年（1690年）内府刻本，线装 139 册。页面 32 厘米 ×20 厘米，版框 24 厘米 ×18 厘米。单黑鱼尾，四周双边。满文，半叶 8 行，小字双行。版心有满文书题名、卷次和页码。

ИВР РАН-СПб

44.《钦定大清会典》（hesei toktobuha daicing gurun i uheri kooli bithe）一百卷②※

[清]允陶等撰，清朝官修典章制度汇编。乾隆二十九年（1764年）武英殿刻本，线装 100 册。页面 33.5 厘米 ×20.5 厘米，版框 24 厘米 ×17 厘米。白口双黑鱼尾，四周双边。满文，半叶 10 行，版心有满文书题名、卷次和页码。

ИВР РАН-СПб　БВФСПбГУ-СПб　БИГУ-И

45.《督捕则例》（ukanju be kadalame jafara kooli）二卷

[清]徐本等奉敕编撰，缉捕、惩治八旗及各省逃人的规定，成例 130条，其后每十年编修一次。乾隆八年（1743 年）武英殿刻本，线装 2 册。页面 28 厘米 ×18.5 厘米，版框 24 厘米 ×17 厘米。白口单黑鱼尾，四周双边。满文，半叶 8 行，版心有满文书题名和汉文卷次。

БВФСПбГУ-СПб

---

① 徐莉：《〈大清会典〉满汉文版本形成考释》，载《民族翻译》2019 年第 1 期。
② 徐莉：《光绪朝〈钦定大清会典〉满文稿本及其价值》，载《满语研究》2018 年第 2 期。

46.《钦定大清会典则例》（hesei toktobuha daicing guruni uheri
kooli hacin i bithe）一百八十卷 ※

［清］伊桑阿等撰，又题《钦定大清会典事例》。乾隆十二年（1747
年）刻本，线装 180 册。页面 35 厘米 ×21 厘米，版框 22.5 厘米 ×17 厘米。
白口单黑鱼尾，四周双边。满文，半叶 10 行。版心有满文书题名、卷次、
卷目和汉文页码。

БВФСПбГУ-СПб ИВР РАН-СПб РНБ-СПб

47.《钦定八旗则例》（hesei toktobuha jakūn gūsai kooli hacin）
三卷

［清］鄂尔泰等奉敕编撰，《兵部则例》中所涉八旗兵丁事务规定，
每十年修订一次，记事止于乾隆七年（1742 年），分忠、孝、廉、节 4 部，
共辑案例二百三十余条，内容涉及职制、公式、户口、奉饷、仓库、学政、
典礼、兵制、马政、禁令、驻防和训练等 12 类。乾隆七年（1742 年）武
英殿刻本，线装 3 册。页面 28.5 厘米 ×18.5 厘米，版框 22.8 厘米 ×17 厘米。
白口单黑鱼尾，四周双边。满文，半叶 9 行。版心有满文书题名、卷次、
篇目，汉文页码和篇目。

ИВР РАН-СПб

48.《大清律例》（daicing gurun i fafun i bithe kooli）四十八卷

［清］徐本等奉敕编撰，清朝法律法规集，律文起自雍正五年
（1727 年），条例共 1456 条，又题《钦定大清律例》（hesei toktobuha
daicing gurun i fafun i bithe kooli）。乾隆三十三年（1768 年）武英殿刻本，
线装 48 册。页面 39 厘米 ×23.5 厘米，版框 29.8 厘米 ×21.5 厘米。白口单
黑鱼尾，四周双边。满文，半叶 8 行。版心有满文书题名，汉文卷次、律
目和页码。存卷三十七至卷三十九及卷四十二。部分正文存蒙古文朱批，
卷首存顺治三年（1646 年）、康熙十八年（1679 年）、雍正三年（1725 年）

和乾隆五年（1740 年）图纳等题奏《上谕》（dergi hese）4 篇。

БИГУ-И　БВФСПбГУ-СПб　ИВР РАН-СПб

49.《蒙古律例》（monggo fafun i bithe）十二卷

刑部纂修，乾隆朝刑部处理蒙古诸部各类案件的规定，分官衔、户口差徭、朝贡、会盟行军、边境卡哨、盗贼、人命、首告、捕亡、杂犯、喇嘛例和断狱等 12 门。乾隆五十四年（1789 年）刻本，线装 6 册。页面 34.2 厘米 ×20 厘米，版框 29.8 厘米 ×16.9 厘米。白口单黑鱼尾，四周双边。满文，半叶 10 行。版心有满文书题名、卷目，汉文卷目和页码。每卷以十二地支开头。

БВФСПбГУ-СПб

50.《钦定兵部则例》（hesei toktobuha coohai jurgan i baitai kooli bithe）不分卷 ※

［清］鄂尔泰等撰，兵部事务规定。嘉庆七年（1802 年）刻本，线装 32 册。页面 27.5 厘米 ×17.5 厘米，版框 19.8 厘米 ×16 厘米。白口单黑鱼尾，四周双边。满文，半叶 9 行。版心依次为满文书题名，汉文卷次，满文篇目，汉文篇目和页码。

ИВР РАН-СПб

51.《钦定军器则例》（hesei toktobuha coohai agūrai kooli hacin i bithe）十二卷

［清］董诰等奉敕编撰，清军武器使用介绍与规章，内容涉及武器制作、增添、检验、销毁等。[1] 嘉庆九年（1804 年）刻本，线装 12 册。页面 28 厘米 ×17 厘米，版框 20 厘米 ×16 厘米。白口单黑鱼尾，四周双边。满文，半叶 9 行。版心有满文书题名、篇目，汉文卷次和页码。

БВФСПбГУ-СПб

---

① 滕德永：《〈钦定军器则例〉与清季军械外购》，载《淮南师范学院学报》2015 年第 6 期。

52.《清文回疆则例》（hesei toktobuha hoise jecen i kooli hacin i bithe）一卷

〔清〕赛尚阿、永璘等奉敕撰译，乾隆朝以降清廷统治西北回族地区的条例规定，内容涉及爵位晋封、职官设置、赋役贸易、驻军管理等，又题《钦定回疆则例》。嘉庆十九年（1814年）刻本，线装1册。页面27.2厘米×17厘米，版框19.5厘米×15.5厘米。白口单黑鱼尾，四周双边。满文，半叶7行。版心有满文书题名、卷次和汉文页码。

ИВР РАН-СПб

53.《钦定回疆则例》（hesei toktobuha hoise jecen i kooli hacin i bithe）八卷

〔清〕赛尚阿、永璘等奉敕撰译，又题《钦定回部则例》。道光二十二年（1842年）刻本，线装1册。页面27.2厘米×18.3厘米，版框21.4厘米×16厘米。白口单黑鱼尾，四周双边。满文，半叶7行。版心有满文书题名、卷次和汉文页码。

БВФСПбГУ-СПб

54.《钦定理藩院则例》（hesei toktobuha tulergi golo be dasara jurgan i kooli hacin i bithe）三十六卷

〔清〕托津等奉敕编撰，清朝治理西北地区少数民族的行政法规，始修于乾隆五十四年（1789年），后在此基础上于嘉庆二十年（1815年）增加蒙古文与汉文本续修，共分《蒙古则例》《回部则例》等，又题《理藩院则例》（tulergi golo be dasara jurgan i kooli hacin i bithe）。刻本，线装50册。白口单黑鱼尾，四周双边。页面27厘米×16.8厘米，版框21厘米×14.8厘米。满文，半叶7行。版心有满文书题名、卷次和汉文页码。含《原题》1册、《总纲》2册、《总例》2册、《官衔》1册。卷前分别存嘉庆十六年（1811年）、嘉庆二十年（1815年）和嘉庆二十二年（1817年）《理藩院谨奏》（tulergi golo be dasara jurgan）3篇。

ИВР РАН-СПб　БВФСПбГУ-СПб　НБИГОМ-И

55.《钦定满洲祭神祭天典礼》（hesei toktobuha manjusai wecere metere kooli bithe）六卷[①]

　　［清］允禄撰，满洲祭祀条例与流程，与《大清通礼》相辅，分祭祀礼仪2篇，汇记故事1篇，礼仪祝词、赞词41篇，器用数目、形势图各1篇。乾隆十二年（1747年）武英殿刻本，线装6册。页面29.2厘米×20厘米，版框23.2厘米×17.4厘米。白口单黑鱼尾，四周双边。满文，半叶9行。版心有满文书题名、卷次、篇目和页码。卷前存乾隆十二年（1747年）《上谕》（dergi hese），纂修衙署名称，卷六为各祭神祭天器具绘图与满文用法说明。

　　ИВР РАН-СПб　БВФСПбГУ-СПб　БИГУ-И　РНБ-СПб

56.《八旗通志初集》（jakūn gūsai tung jy i sucungga weilehe bithe）二百五十卷

　　［清］马齐、鄂尔泰等奉敕编撰，记录清代八旗政治、经济、文化、社会、宗教的史书，又题《御制八旗通志》（han i araha jakūn gūsai tung jy i bithe）。乾隆四年（1739年）武英殿刻本，线装133册。页面29厘米×20厘米，版框23厘米×17厘米。白口单黑鱼尾，四周双边。满文，半叶10行，小字双行。版心有满文书题名、卷次、类目和汉文页码。卷前存《序言》。

　　РНБ-СПб　БВФСПбГУ-СПб　БИГУ-И　ИВР РАН-СПб

57.《御制大清律集解附例》（daicing gurun i fafun i bithe suhe hergen kooli be kamcihabi）三十六卷

　　［清］刚林撰，［清］冯普修订，清朝的国家法典。雍正三年（1725年）

---

① 殷悦：《浅谈满文本〈钦定满洲祭神祭天典礼〉》，载《满语研究》2015年第2期。

武英殿刻本，线装 20 册。页面 37 厘米 ×23 厘米，版框 30 厘米 ×20.8 厘米。白口单黑鱼尾，四周双边。满文，半叶 8 行，小字双行。版心有满文书题名、篇目、卷次、页码，汉文篇目和页码。

ИВР РАН-СПб

58.《钦定大清律例》（hesei toktobuha daicing gurun i fafun i bithe kooli）四十八卷

［清］徐本等奉敕编撰，清朝的国家法典。刻本，线装 20 册。页面 35.8 厘米 ×22.5 厘米，版框 29.3 厘米 ×20.5 厘米。白口单黑鱼尾，四周双边。版心有满文书题名和汉文卷次。满文，半叶 8 行。卷首存顺治三年（1646 年）、康熙十八年（1679 年）、雍正三年（1725 年）和乾隆五年（1740 年）《钦定序言》4 篇。

ИВР РАН-СПб

59.《钦定兵部处分则例》（hesei toktobuha coohai jurgan i weile gisurere kooli hacin i bithe）七十六卷

［清］鄂尔泰等奉敕编撰，兵部办理八旗及绿营事务的规定，选自《兵部则例》，原为《中枢政考》中《处分则例》，记事止于道光三年（1823 年）。道光四年（1824 年）武英殿刻本，线装 32 册。白口单黑鱼尾，四周双边。满文，半叶 9 行。页面 29.5 厘米 ×17 厘米，版框 20.5 厘米 ×15 厘米。版心有满文书题名、卷次、类目和汉文页码。

БВФСПбГУ-СПб　БИГУ-И

60.《御制大清律》（han i araha daicing gurun i fafun i bithe）不分卷

［清］徐本等奉敕编撰。刻本，线装存 10 册。页面 36.5 厘米 ×22.3 厘米，版框 31 厘米 ×20.8 厘米。白口双黑鱼尾，四周双边。满文，半叶 8 行。版心依次为满文书题名、篇目、册数、页码和汉文页码。

ИВР РАН-СПб

61.《钦定兵部绿营事务则例》（hese i toktobuha coohai jurgan i baitai kooli bithe niowanggiyan turun i kūwaran）四十卷 ※

［清］福隆安等奉敕编撰。刻本，线装40册。页面27.5厘米×16.5厘米，版框20.5厘米×15.5厘米。白口单黑鱼尾，四周双边。满文，半叶9行，版心有满文书题名、卷次，汉文页码和类目。

БВФСПбГУ-СПб　БИГУ-И

62.《读史论略》（hūlara suduri šošohon be leolehe bithe）二卷

［清］杜诏撰，［清］敬斋译，以时间为序介绍秦代至明代主要历史人物与历史事件的史书。道光二十九年（1849年）京都三槐堂刻本，线装2册。页面28.5厘米×17.5厘米，版框21厘米×14.5厘米。白口单黑鱼尾，四周双边。满汉合璧，半叶6行。版心有汉文书题名、卷次和页码。

БВФСПбГУ-СПб

63.《大清太祖高皇帝本籍》（daicing gurun i taidzu dergi hūwangdi i ben ji i bithe）不分卷 ※

［清］希福、鄂尔泰撰，《清太祖高皇帝实录》节选。乾隆五年（1740年）抄本，线装5册。页面23厘米×15厘米。满文，半叶8行。部分叶存红色贴纸，上书"万历某某年"。[①]

ИВР РАН-СПб

64.《大清太宗文皇帝圣训》（daicing gurun i taidzung genggiyen šu hūwangdi i da hergin i bithe）一卷 ※

［清］世祖敕撰。康熙二十八年（1689年）抄本，线装1册，存卷二。页面41厘米×24厘米。满文，半叶9行。

ИВР РАН-СПб

---

① 杨勇军：《〈满洲实录〉成书考》，载《清史研究》2012年第2期。

65.《异域录》（lakcaha jecen de takūraha bade ejehe bithe）二卷 ※

[清]图里琛撰。雍正元年（1723 年）抄本，线装 4 册。页面 26.3
厘米 ×19 厘米。满汉合璧，半叶满文、汉文各 5 行。首册前六页存满文
《序言》。

ИВР РАН-СПб

66.《御制大清一统志》（abkai fejergi eiten jaka be yongkiyaha bithe）
不分卷[①]※

[清]穆彰阿、潘锡恩等纂，官修地理总志《御制大清一统志》节选。
抄本，线装 15 册。页面 25 厘米 ×15.5 厘米。满文，半叶 14 行。每省一册，
每册以各省为题，其分 jyli goloi bithe "《直隶省书》"，giyang nan i goloi
bithe "《江南省书》"，šandong ni goloi bithe "《山东省书》"，sansi
goloi bithe "《山西省书》"，šansi goloi i bithe "《陕西省书》"，ho nan
i goloi bithe "《河南省书》"，je giyang ni goloi bithe "《浙江省书》"，
h ū guwang ni goloi bithe "《湖广省书》"，fugiyan i goloi bithe "《福建
省书》"，guwang dung ni goloi bithe "《广东省书》"，yūn nan i goloi
bithe "《云南省书》"，gui jeo i goloi bithe "《贵州省书》"，giyangsi i
goloi bithe "《江西省书》"，sy cuwan i goloi bithe "《四川省书》"，i di
gurun i bithe "《夷狄国书》"。

ИВР РАН-СПб

67.《御制大清一统志》（abkai fejergi eiten jaka be yongkiyaha
bithe）不分卷[②]※

[清]穆彰阿、潘锡恩等纂，官修地理总志《御制大清一
统 志》节 选。抄 本，线 装 3 册。页 面 23.5 厘 米 ×14 厘 米。满

---

① 赵娜：《〈清史稿·邦交志〉中有关中俄早期关系史的部分史料辨析》，载《黑龙江史志》
2014 年第 16 期。

② 张闶：《从满文〈喀木地方一统志〉看清廷对康区的地理认知》，载《中国藏学》2019 年第 3 期。

文，半叶 8 行。每册右上角存满文书题名 eiten ba yongkiyaha bithe "各地之书"，其下存各省名，分别为 fugiyan golo·fejergi "福建省·下"，gui jeo golo·fejergi "贵州省·下" 和 tulergi i i gurun·fejergi "外夷国·下"，其中"外夷国"包含朝鲜和日本部分，行间偶存俄文注释。

ИВР РАН-СПб

68.《御制大清一统志》（abkai fejergi eiten jaka be yongkiyaha bithe）不分卷[①]※

［清］穆彰阿、潘锡恩等纂，《御制大清一统志》中的广西部分。抄本，线装 1 册。页面 25.5 厘米 ×12 厘米。满文。原书封面存满文书题名 guwang si goloi bithe "广西省书"。

ИВР РАН-СПб

69.《大清律例》（daicing gurun i fafun i bithe kooli）不分卷 ※

［清］徐本等奉敕编撰。写本，线装 4 册。页面 32 厘米 ×22 厘米。满文，半叶 3 行。

БВФСПбГУ-СПб

70.《钦定理藩院则例》（hesei toktobuha tulergi golo be dasara jurgan i kooli hacin i bithe）不分卷 ※

［清］托津等奉敕编撰。嘉庆二十年（1815 年）抄本，线装 21 页。页面 20.5 厘米 ×11 厘米。满文，半叶 6 至 8 行。原书封面无书题名，首页存满文书题名 hesei toktobuha tulergi golo be dasara jurgan i kooli hacin i bithe·gūsin sunja debtelin "钦定理藩院则例卷·三十五"。

ИВР РАН-СПб

---

① 吴阿木古冷：《满文文献中所见 18 世纪中叶哈萨克风俗和社会秩序》，载《西北民族论丛（第十九辑）》2019 年第 1 期。

71.《钦定理藩院则例》（hesei toktobuha tulergi golo be dasara jurgan i kooli hacin i bithe）不分卷 ※

　　[清]赛尚阿等撰，[清]海清阿等校勘，[清]松水等译。抄本，线装 9 页。页面 20.5 厘米 ×15.5 厘米。满文，半叶 8 行。

　　ИВР РАН-СПб

72.《满洲祭祀条例》（manjusai wecere metere kooli bithe）六卷 ※

　　[清]允禄撰。乾隆十二年（1747 年）抄本，线装六册。页面 32 厘米 ×21 厘米。版心有满文书题名、卷数和各章节满文标题。满文，半叶 9 行。

　　ИВР РАН-СПб

73.《八旗通志》（jakūn gūsai tung jy i sucungga weilehe bithe）不分卷 ※

　　[清]鄂尔泰等奉敕编撰。乾隆四年（1739 年）抄本，线装 1 册，计 36 页。页面 28 厘米 ×18.5 厘米，版心处存满文书题名 jakūn gūsai tung jy "八旗通志"、卷数 emu tanggū susai ilaci debtelin "一百五十三卷"和页码。满文，半叶 8 行。

　　ИВР РАН-СПб

74.《表忠录》（tondo be temgetulere bithe）不分卷

　　[清]福临辑，劝勉官员做忠谏之臣的奏疏。抄本，线装 54 页。页面 25.5 厘米 ×16.5 厘米。满文，半叶 4 行。

　　ИВР РАН-СПб

三、子　部

1.《御制劝善要言》（han i araha sain be huwekiyebure oyonggo gisun）一卷

　　［清］党崇雅等编，清世祖辑儒家典籍中与"善"相关的章句汇编，主要目的为劝导后世修心向善。顺治十二年（1655年）刻本，线装1册。页面37厘米×22厘米，版框25厘米×18厘米。白口单黑鱼尾，四周双边。满汉合璧，半叶满文、汉文各5行。版心有满文、书题名和汉文页码。

　　РНБ-СПб　БВФСПбГУ-СПб　ИВР РАН-СПб

2.《御制资政要览》（han i araha dasan de tusangga oyonggo tuwakū bithe）四卷

　　［清］世祖御撰，劝学著作，内容涉及帝道、臣道、父道、妻道、子道、兄弟、体仁、厚礼、知人、向善、重农、爱幼、养生、亲民和慎言等。顺治十二年（1655年）刻本，线装4册。页面22.5厘米×14.5厘米，版框18厘米×12厘米。黑口双黑鱼尾，四周双边。满文，半叶6行，小字双行。版心有满文卷数和页码。卷前存顺治十二年（1655年）《序言》。

　　ИВР РАН-СПб　БВФСПбГУ-СПб

3.《内则衍义》（dorgi durun i jurgan be badarambuha bithe）十六卷

［清］傅以渐撰，女教思想读物。顺治十三年（1656年）刻本，线装8册。页面29厘米×18.5厘米，版框24厘米×17厘米。白口双黑鱼尾，四周双边。满文，半叶9行。版心有汉文页码。

БВФСПбГУ-СПб　ИВР РАН-СПб

4.《翻译大学衍义》（ubaliyambuha dai hiyo i jurgan be badarambuha bithe）四十三卷

［南宋］真德秀撰，［清］傅达礼等译，政治哲学著作《大学衍义》的满文译本，又题《大学衍义》（dai hiyo i jurgan be badarambuha bithe）。康熙十一年（1672年）内府刻本，线装36册。页面36厘米×22厘米，版框23.5厘米×18.7厘米。黑口双黑鱼尾，四周双边。满文，半叶7行。版心有满文书题名、卷次和页码。

БВФСПбГУ-СПб　РНБ-СПб　ИВР РАН-СПб

5.《满汉合璧朱子节要》（ju dzi jiye yoo bithe）十四卷

［南宋］朱熹撰，［明］高攀龙辑，佚名译，朱熹主要学说的满文译本，分论学、治法、警戒改过和总论圣贤等，又题《朱子节要》（ju dzi jiyei yoo bithe）。康熙十四年（1675年）刻本，线装6册。页面26.2厘米×17厘米，版框20.5厘米×14.5厘米。白口单黑鱼尾，四周双边。满汉合璧，半叶满文、汉文各6行。版心有汉文书题名、卷次、篇目和页码。卷前存明万历三十年（1602年）高攀龙撰《原序》与康熙十四年（1675年）朱之弼撰《序言》。

ИВР РАН-СПб

6.《薛文清先生要语》（siowei wen cing siyan šeng ni oyonggo gisun）二卷

[明]薛瑄撰，[清]佚名译，理学用书，分《内篇》和《外篇》，又题《薛文清公要语》（siowei wen cing gung ni oyonggo gisun）。康熙五十三年（1714 年）武英殿刻本，线装 4 册。页面 25 厘米 ×17.5 厘米，版框 19.6 厘米 ×16 厘米。白口单黑鱼尾，四周双边。满汉合璧，半叶满文、汉文各 7 行。版心有满文书题名，汉文篇目和页码。

ИВР РАН-СПб

7.《御纂性理精义》（han i banjibuha sing li jing i bithe）十二卷

[清]李光地撰，明胡广撰《性理大全书》的节选注释本，为宋代理学著作合辑。康熙五十六年（1717 年）武英殿刻本，线装 8 册。白口单黑鱼尾，四周双边。页面 26.7 厘米 ×18.5 厘米，版框 21 厘米 ×16.5 厘米。满文，半叶 7 行，小字双行。版心有满文书题名、卷次、篇目和汉文页码。

ИВР РАН-СПб　БВФСПбГУ-СПб

8.《满汉合璧性理》（manju nikan hergen kamciha sing li bithe）四卷

[清]李光地撰，又题《御纂性理精义》（han i banjibuha sing li jing i bithe）、《钦定性理精义》（hesei toktobuha sing li jing i bithe）、《性理大全书》（sing li da ciowan šu）。雍正十年（1732 年）墨华堂刻本，线装 4 册。页面 23 厘米 ×15 厘米，版框 19 厘米 ×13 厘米。白口单黑鱼尾，四周双边。满汉合璧，半叶满文、汉文各 6 行。版心有汉文书题名、卷次和页码。内附《太极图说》、《西铭》与《通书》。

РНБ-СПб

9.《圣谕广训》（enduringge tacihiyan be neileme badarambuha bithe）二卷①

　　［清］世宗御著，以《上谕十六条》为蓝本的顺治、康熙与雍正朝皇帝圣训汇编。雍正二年（1724 年）三槐堂刻本，线装 2 册。页面 25.5 厘米 ×17.7 厘米，版框 21.3 厘米 ×16.7 厘米。白口单黑鱼尾，四周双边。满汉合璧，半叶满文、汉文各 7 行。版心有汉文书题名、条目、条目名称和页码。

　　ИВР РАН-СПб　БВФСПбГУ-СПб

10.《圣谕广训》（enduringge tacihiyan be neileme badarambuha bithe）二卷 ※

　　［清］世宗御著。雍正二年（1724 年）京都博古堂刻本，线装 2 册。页面 32.8 厘米 ×19.9 厘米，版框 23.7 厘米 ×16.7 厘米。白口单黑鱼尾，四周双边。满汉合璧，半叶满文、汉文各 6 至 8 行。版心有汉文书题名、篇目和页码。

　　ИВР РАН-СПб

11.《圣谕广训》（enduringge tacihiyan be neileme badarambuha bithe）二卷

　　［清］世宗御著。雍正二年（1724 年）内府刻本，线装 2 册。页面 28.8 厘米 ×18.5 厘米，版框 21.4 厘米 ×16.7 厘米。白口单黑鱼尾，四周双边。满蒙合璧，半叶满文、蒙古文各 6 至 8 行。版心有汉文书题名、篇目和页码。

　　ИВР РАН-СПб　БВФСПбГУ-СПб　БИГУ-И　СОРАН-НСб

---

① 　［韩］金周源：《〈圣谕广训〉的满语研究》，李贤淑译，《满学论丛》（第七辑），2017 年。

12.《圣谕广训》（enduringge tacihiyan be neileme badarambuha bithe）二卷

　　[清]世宗御著。光绪十六年（1890年）京都聚珍堂刻本，线装2册。页面28.8厘米×18.5厘米，版框19.9厘米×13.9厘米。白口单黑鱼尾，四周双边。满汉合璧，半叶满文、汉文各7行。版心有汉文书题名、篇目和页码。

　　БВФСПбГУ-СПб

13.《御制朋党论》（han i araha gucu hoki i leolen）不分卷

　　[清]世宗御撰，清世宗御撰以宣扬儒家君臣思想，避免朝野结党营私、排斥异己的著作。雍正二年（1724年）主善斋刻本，线装1册。页面29厘米×19.3厘米，版框22厘米×16.2厘米。白口单黑鱼尾，四周双边。满汉合璧，半叶满文、汉文各7行。版心有汉文书题名和页码。

　　ИВР РАН-СПб

14.《小学合解》（ajige tacikū be acabufi suhe bithe）六卷

　　[南宋]朱熹撰，[明]陈选集注，[清]古巴岱译，注解类著作《小学合解》的满文译本，又题《小学集注》。雍正五年（1727年）武英殿刻本，线装4册。页面28.2厘米×16.9厘米，版框21.2厘米×12.1厘米。白口单黑鱼尾，四周双边。满文，半叶7行，小字双行。版心有汉文书题名、页码和满文卷次。

　　РНБ-СПб　БВФСПбГУ-СПб

15.《满汉合璧三字经注解》（manju nikan hergen i kamcime suhe san dzi ging ni bithe）二卷 ※

　　[南宋]王应麟撰，[清]惟德·陶格译，传统启蒙教材《三字经》的满文译本，雍正十三年（1735年）英华堂刻本，线装2册。页面24厘米×15厘米，版框21厘米×14厘米。白口单黑鱼尾，四周单边。满汉合璧，

半叶满文、汉文各 5 行，小字双行。版心有汉文书题名、卷次和页码。

ИВР РАН-СПб

16.《满蒙合璧三字经注解》（manju monggo hergen i kamcime suhe san dzi ging ni bithe）二卷

〔南宋〕王应麟撰，〔清〕惟德·陶格译满文，〔清〕富俊、英俊译蒙古文，〔清〕盛冠宝、傅尔汗校，传统启蒙教材《三字经》的满文、蒙古文合璧译本，其中，满文译文经汉文翻译，蒙古文译文经满文翻译。乾隆六十年（1795 年）京都西二酉堂刻本，线装 1 册，残卷。页面 22.8 厘米 ×15.5 厘米，版框 18.7 厘米 ×14 厘米。白口单黑鱼尾，四周双边。满蒙合璧，半叶满文、蒙古文各 5 行。版心有汉文书题名、卷次和页码。首卷前存雍正十三年（1735 年）馨泰撰《序言》。

ИВР РАН-СПб　БВФСПбГУ-СПб

17.《满汉合璧三字经注解》（manju nikan hergen i kamcime suhe san dzi ging ni bithe）二卷 ※

〔南宋〕王应麟撰，〔清〕惟德·陶格译。乾隆六十年（1795 年）二南堂刻本，线装 2 册。页面 23 厘米 ×15.5 厘米，版框 19 厘米 ×14 厘米。白口单黑鱼尾，四周单边。满汉合璧，半叶满文、汉文各 5 行，小字双行。版心有汉文书题名、卷次和页码。

БВФСПбГУ-СПб　ИВР РАН-СПб

18.《满蒙合璧三字经注解》（manju monggo hergen i kamcime suhe san dzi ging ni bithe）二卷

〔南宋〕王应麟撰，〔清〕惟德·陶格译满文，〔清〕盛冠宝、傅尔汗校，传统启蒙教材《三字经》的满文、蒙古文与汉文合璧译本，又题《满蒙汉合璧三字经注解》（manju monggo nikan hergen i kamcime suhe san dzi ging ni bithe）。道光十二年（1832 年）京都三槐堂刻本，线装 4 册。页面 27.5 厘米 ×17 厘米，版框 21.3 厘米 ×15 厘米，白口双黑鱼尾，四周单边。满蒙汉合璧，半叶满文、蒙古文、汉文各 3 行。版心有汉文卷次和页码。

ИВР РАН-СПб　РНБ-СПб　БВФСПбГУ-СПб

19.《满蒙合璧三字经注解》（manju monggo hergen i kamcime suhe san dzi ging ni bithe）二卷

　　［南宋］王应麟撰，［清］惟德·陶格译满文，［清］富俊、英俊译蒙古文，［清］盛冠宝、傅尔汗校。五云堂刻本，线装 4 册。页面 28.3 厘米 ×17.2 厘米，版框 21.8 厘米 ×15 厘米，白口双黑鱼尾，四周单边。满蒙汉合璧，半叶满文、蒙古文、汉文各 3 行。版心有汉文卷次和页码。

ИВР РАН-СПб

20.《三字经》（san dzi ging）二卷 ※

　　［南宋］王应麟撰，［清］惟德·陶格译。刻本，线装存 5 册。页面 20.5 厘米 ×12.5 厘米，版框 17 厘米 ×12 厘米。白口单黑鱼尾，四周双边。满汉合璧，半叶满文、汉文各 4 行。

ИВР РАН-СПб

21.《满汉三字经》（manju nikan hergen kamcime araha san dzi ging bithe）二卷 ※

　　［南宋］王应麟撰，［清］惟德·陶格译。刻本，线装 1 册。页面 20.5 厘米 ×15.2 厘米，版框 16.5 厘米 ×12 厘米。白口单黑鱼尾，四周单边。满汉文，半叶 8 行。

ИВР РАН-СПб　БВФСПбГУ-СПб

22.《满汉三字经》（manju nikan hergen kamcime araha san dzi ging bithe）二卷 ※

　　［南宋］王应麟撰，［清］惟德·陶格译。敬修堂刻本，线装 1 册。页面 22.5 厘米 ×13 厘米，版框 18.2 厘米 ×11.5 厘米。白口单黑鱼尾，四周单边。满汉合璧，半叶满文、汉文各 5 行。

　　ИВР РАН-СПб

23.《二十四孝》（orin duin hiyoošungga）不分卷

　　［元］郭居敬编，［清］佚名译，劝孝故事合辑《二十四孝》的满文译本，乾隆元年（1736 年）刻本，线装 1 册。页面 24.5 厘米 ×15.8 厘米，版框 18.8 厘米 ×11.5 厘米。白口单黑鱼尾，四周单边。满汉文，半叶满文 7 行，汉文 9 行。版心有汉文书题名和页码，原书缺少满文书题名。

　　РНБ-СПб　ИВР РАН-СПб

24.《七训须读》（nadan tacihiyan be urunakū hūlabure bithe）二卷

　　［清］博赫辑，孔子垂训合辑，内容涉及忠信礼义孝悌等，又题《七训》（nadan tacihiyan）。乾隆二十九年（1764 年）三益堂刻本，线装 2 册。页面 24 厘米 ×16 厘米，版框 20 厘米 ×15 厘米。白口单黑鱼尾，左右双边，上下单边。满汉合璧，半叶满文、汉文各 6 行。版心有汉文书题名、卷次和页码。

　　БВФСПбГУ-СПб　ИВР РАН-СПб

25.《七训须读》（nadan tacihiyan be urunakū hūlabure bithe）二卷 ※

　　［清］博赫辑。聚星堂刻本，线装 2 册。页面 24.3 厘米 ×15.6 厘米，版框 20.4 厘米 ×14.5 厘米。白口单黑鱼尾，左右双边，上下单边。满汉合璧，半叶满文、汉文各 6 行。版心有汉文书题名、卷次和页码。

　　ИВР РАН-СПб

26.《四本简要全编》（duin fulehe oyonggo šošohon i bithe）四卷

　　［清］朱潮远撰，［清］富鲁公辑，［清］富明安译，《四本简要全编》的满文译本，"四本"分别指读书起家之本、勤俭治家之本、和顺齐家之本和循理保家之本。乾隆三十三年（1768 年）刻本，线装 4 册。页面 23.7 厘米 ×15.2 厘米，版框 17.5 厘米 ×13.4 厘米。白口双黑鱼尾，四周双边。满汉合璧，半叶满文、汉文各 6 行。版心有汉文书题名、卷次和页码。卷前存康熙五十一年（1712 年）富明安撰《序言》及乾隆十一年（1746 年）富明安撰《后序》。

　　ИВР РАН-СПб

27.《庸言知旨》（an i gisun de amtan be sara bithe）二卷

　　［清］宜兴撰，话条合辑，收录满汉语口语三百余条，内容涉及北京八旗生活等。嘉庆七年（1802 年）刻本，线装 1 册。页面 28 厘米 ×19.5 厘米，版框 22.5 厘米 ×16 厘米。白口单黑鱼尾，四周双边。满汉合璧，半叶 7 行。版心有汉文书题名、卷次和页码。

　　БВФСПбГУ-СПб

28.《满汉合璧幼学须知》（manju nikan hergen i kamciha io hiyoo hioi jy bithe）二卷 ※

　　［明］程登吉著，［清］邹圣脉增补，儿童启蒙读物，又题《幼学琼林》（ajigan tacin i bithe）、《幼学》（ajigan tacin）。道光元年（1821 年）西二西堂刻本，线装 2 册。页面 24 厘米 ×15.5 厘米，版框 18 厘米 ×14 厘米。白口单黑鱼尾，四周双边。满汉合璧，半叶满文、汉文各 5 行。版心有汉文书题名"合璧幼学"、卷数、页码和藏版"英华堂"。第一册封面上方存"一书"，右侧为满汉合璧书题名，书题名上存"西二西堂"，第二册封面上方存"二书"。

　　ИВР РАН-СПб

29.《幼学须知》（tuktan majige urse i urunakū ulhire bithe）一卷 ※

［明］程登吉著，［清］邹圣脉增补，又题《满汉合璧幼学须知》《幼学琼林》《幼学》等。京口官学刻本，线装 1 册。页面 29 厘米 ×20 厘米，版框 22.3 厘米 ×17.8 厘米。白口单黑鱼尾，四周单边。满汉合璧，半叶满文、汉文各 6 行。版心存汉文书题名和页码。

ИВР РАН-СПб

30.《朱文公家训》（ju wen gung ni booi tacihiyan）一卷

［清］德保译，朱熹关于治家方面的论撰，内容涉及个人在家庭及社会中承担的责任等，又题《翻译朱文公家训》（ubaliyambuha ju wen gung ni booi tacihiyan）、《朱子家训》（ju dzi i booi tacihiyan）。道光十年（1830年）天绘阁刻本，线装 1 册。白口。满汉合璧。页面 23.3 厘米 ×15.3 厘米，版框 17.8 厘米 ×13.8 厘米。卷首存乾隆三十年（1765 年）《序》。

ИВР РАН-СПб БВФСПбГУ-СПб

31.《小儿语》（ajige juse i gisuren i bithe）一卷

［明］吕得胜撰，［清］禧恩译，为儿童编写的儒学著作，以四六骈文和杂句等形式宣讲为人处世之道，因语言通俗易懂广于民间流传，又题《翻译童谚》（manju ubaliyambuha buya jusei muwa gisun i bithe）。道光二十五年（1845 年）聚珍堂刻本，线装 1 册。页面 24 厘米 ×16厘米，版框 19.5 厘米 ×14.5 厘米。白口单黑鱼尾，四周双边。满汉合璧，半叶满文、汉文各 3 行。版心有汉文卷次和页码。卷前存禧恩撰《序言》。

ИВР РАН-СПб БВФСПбГУ-СПб

32.《翻译小学》（ubaliyambuha ajigan tacin i bithe）十二卷

［南宋］朱熹撰，［清］孟保译，教育儿童处事待人的儒学著作《小学》的满文译本。咸丰元年（1851年）三槐堂刻本，线装6册。页面24.5厘米×16厘米，版框19厘米×14厘米。白口单黑鱼尾，四周双边。满汉合璧，半叶满文、汉文各5行。版心有汉文书题名、卷次和页码。

БВФСПбГУ-СПб

33.《翻译忠孝二经》（ubaliyambuha tondo hiyoošungga juwe nomun）不分卷

［清］孟保译，《忠经》《孝经》满文译本合辑，又题《忠孝经》（tondo hiyoošungga juwe nomun）。咸丰元年（1851年）刻本，线装2册。页面24厘米×15.5厘米，版框19厘米×14厘米。白口单黑鱼尾，四周双边。满汉合璧，半叶满文、汉文各5行。版心有《忠经》《孝经》汉文书题名和页码。卷前存咸丰元年（1851年）孟保撰《序言》，正文内容存朱色圈点批校。

БВФСПбГУ-СПб

34.《小学·忠经》（ajigan tacin bithe·jung ging）不分卷 ※

［东汉］马融撰，［清］孟保译。刻本，线装9册。页面28厘米×18厘米，版框20.5厘米×15厘米。白口单黑鱼尾，四周双边。满汉合璧，半叶满文、汉文各5行。版心有满文书题名、篇目，汉文篇目和页码。

БВФСПбГУ-СПб

35.《满汉合璧忠经》（manju nikan hergen kamcime jung ging ni bithe）不分卷 ※

［东汉］马融撰，［清］孟保译。刻本，线装1册。页面26.2厘米×18厘米，版框19.8厘米×15.8厘米。白口单黑鱼尾，四周双边。满汉

合璧，半叶满文、汉文各 4 行。版心有汉文册数和页码。

ИВР РАН-СПб

36.《翻译弟子规》（ubaliyambuha deote juse i durun）不分卷

［清］李子潜撰，三字一句启蒙教材，内容多出自圣经贤传。同治二年（1863 年）刻本，线装 1 册。页面 24 厘米 ×15 厘米，版框 18 厘米 ×14 厘米。白口单黑鱼尾，四周双边。满汉合璧，半叶满文、汉文各 5 行。版心有汉文书题名、卷次和页码。卷首存东海观复徐桐序言，封面镌满汉文书题名 ubaliyambuha deote juse i durun "翻译弟子规" 并钤汉文 "宝熙藏玺" 朱文方印。

БВФСПбГУ-СПб ИВР РАН-СПб

37.《翻译醒世要言》（ubaliyambuha jalan de ulhibure oyonggo gisun i bithe）四卷

［明］吕坤撰，［清］和素译，［清］孟保辑，启蒙读物《醒世要言》的满文译本，又题《醒世要言》（jalan de ulhibure oyonggo gisun i bithe）。同治六年（1867 年）武英殿刻本，线装 4 册。页面 23.4 厘米 ×15.2 厘米，版框 17.3 厘米 ×13.8 厘米。白口单黑鱼尾，四周双边。满汉合璧，半叶满文、汉文各 7 行。版心有汉文书题名、卷次和页码。卷前存同治六年（1867 年）孟保奏疏、谕旨，卷三末镌 "康熙四十三年八月吉日内阁侍读学士和素翻"，卷四末存道光七年（1827 年）栗毓美撰《跋》，并附《劝善歌》。含《小儿语》《好人歌》《宗约歌》。

БВФСПбГУ-СПб

38.《三合圣谕广训》（ilan hacin i gisun kamcibuha enduringge tacihiyan be neileme badarambuha bithe）四卷

［清］世宗御撰，以《上谕十六条》为蓝本的顺治、康熙与雍正朝皇帝圣训汇编。同治十三年（1874 年）刻本，线装 4 册。页面 27.5 厘

米 ×17.8 厘米，版框 21.5 厘米 ×15.2 厘米。满蒙汉合璧，半叶满文、蒙古文、汉文各 3 行。白口单黑鱼尾，四周双边。版心有汉文书题名和页码。书题名页镌"同治十三年冬月重刊"，卷前存雍正二年（1724 年）《序言》。

ИВР РАН-СПб

39.《满汉合璧名贤集》（manju nikan kamcibuha gebungge saisa isabuha bithe）一卷

佚名撰，儿童伦理道德教材，名言警句汇编，内容涉及为人处世、接人待物、治学修德等。敬修堂刻本，线装 1 册。页面 21 厘米 ×12.5 厘米，版框 18 厘米 ×11 厘米。白口单黑鱼尾，四周双边。满汉合璧，半叶满文、汉文各 5 行。版心有汉文页码。

ИВР РАН-СПб

40.《三合名贤集》（ilan hacin gisun i kamcibuha gebungge saisa isabuha bithe）一卷

佚名撰，儿童伦理道德教材。光绪五年（1879 年）护国寺刻本，线装 2 册。页面 25.5 厘米 ×15 厘米，版框 17 厘米 ×12.5 厘米。白口单黑鱼尾，四周双边。满蒙汉合璧，半叶满文、蒙古文、汉文各 2 行。版心有汉文页码。

БВФСПбГУ-СПб

41.《王中书劝孝八反歌》（wang jung šu hiyoošun be tafalara jakūn fudara ucun）不分卷

［清］王中书撰，［清］噶勒桑译，劝告世人尊敬、孝顺父母及行孝事宜歌诀，又题《满蒙汉合璧思孝歌》（manju monggo nikan hergen i kamcime araha hiyoošun be gūnire ucun）。刻本，包背装 1 册。页面 26 厘米 ×16 厘米，版框 20 厘米 ×15 厘米。白口单黑鱼尾，四周双边。满蒙汉合璧，半叶满文、蒙古文、汉文各 2 行。版心有汉文页码。

БВФСПбГУ-СПб　ИВР РАН-СПб

42.《太上感应篇》（tai šang ni acabume karulara bithe）四卷 [①]※

佚名撰，内三院译，道家著作《太上感应篇》的满文译本，主要劝导世人修心向善，内容多选自《太平经》《易内戒》《赤松子经》。康熙十二年（1673 年）刻本，线装 4 册。页面 30.5 厘米 ×18 厘米，版框 19 厘米 ×14 厘米。白口，四周单边。满文，半叶 8 行。版心有汉文书题名和页码。

ИВР РАН-СПб

43.《关圣帝君觉世宝训》（enduringge di giyūn guwan mafa i jalan de ulhibure boobai tacihiyan i nomun bithe）不分卷 ※

［清］佚名译，道教善书《关圣帝君觉世宝训》的满文译本，又题《关圣帝君觉世宝训经》。道光四年（1824 年）刻本，线装 1 册。页面 27.5 厘米 ×19 厘米，版框 24.3 厘米 ×16 厘米。白口单黑鱼尾，四周双边。满文，半叶 10 行。版心有满文书题名和页码。

ИВР РАН-СПб

44.《翻译六事箴言》（ubaliyambuha ninggun baitai targabun gisun）四卷

［清］叶玉屏辑，［清］孟保译，历朝名人名家名言合辑的满文译本，内容涉及修身、齐家、为官、居乡和为人处世等。咸丰元年（1851 年）京都三槐堂刻本，线装 4 册。页面 24.5 厘米 ×15.6 厘米，版框 20 厘米 ×14.5 厘米。白口单黑鱼尾，左右双边，上下单边。满汉合璧，半叶满文、汉文各 4 行。版心有汉文页码和卷次。

НБИГОМ-И БВФСПбГУ-СПб

---

① 郑天星：《俄罗斯的汉学：道教研究》，载《国际汉学》2003 年第 2 期。

45.《关圣帝君觉世宝训经》（enduringge di giyūn guwan mafa i jalan de ulhibure boobai tacihiyan i nomun bithe）不分卷

［清］佚名译，道教善书《关圣帝君觉世宝训经》的满文译本，又题《关圣帝君觉世宝训》。抄本，线装 1 册。页面 24 厘米 ×16 厘米。满汉合璧，半叶满文、汉文各 6 行。封面处书汉文书题名"御制清汉资世宝训"，首页书满文 hūng u han i araha jalan de tusan araha hafu tacihiyan bithe gisun "洪武御制资世通训文"。

БВФСПбГУ-СПб

46.《翻译孙子兵法》（ubaliyambuha sun dzi i cooha i doro bithe）四卷

［东周］孙武撰，［清］耆英译，兵书《孙子兵法》的满文译本。道光二十六年（1846 年）聚珍堂刻本，线装 4 册。页面 27 厘米 ×16 厘米，版框 19 厘米 ×14 厘米。白口单黑鱼尾，四周双边。满汉合璧，半叶满文、汉文各 5 行。版心有汉文书题名、卷次和页码。

БВФСПбГУ-СПб

47.《清字孙子兵法十三篇》（manju hergen i sun dzi i juwan ilan weilen）四卷

［东周］孙武、吴起撰，［清］桑额译，辑录《清字孙子兵法十三篇》（manju hergen i sun dzi i juwan ilan fiyelen）、《清字吴子兵法六篇》（manju hergen i sun dzi i ninggun fiyelen）。康熙年间天绘阁刻本，线装 2 册。页面 25.5 厘米 ×16.5 厘米，版框 22.5 厘米 ×15.2 厘米。白口单黑鱼尾，四周双边。满文，半叶 8 行。版心有汉文篇目和页码。

ИВР РАН-СПб

48.《大清康熙六十一年时宪书》（daicing gurun i elhe taifin ninju emuci aniya i forgon i yargiyan ton）不分卷

钦天监制。刻本，线装 1 册。页面 36 厘米 ×22.5 厘米，版框 30 厘米 ×20 厘米。黑口双黑鱼尾，四周双边。满文，半叶 12 行。

ИВР РАН-СПб

49.《雍正八年六月初一日戊戌朔日食图》（hūwaliyasun tob i jakūci aniya ninggun biya i ice de suwayan indahūn šongge inenggi šun be jetere nirugan）不分卷

钦天监制。刻本，线装 1 册。页面 29 厘米 ×15 厘米，版框 25.3 厘米 ×13.2 厘米。黑口双黑鱼尾，四周双边。满汉合璧，半叶满文、汉文各 6 行。

ИВР РАН-СПб

50.《雍正八年六月十五日壬子望月食图》（hūwaliyasun tob i jakūci aniya ninggun biya i tofohon de sahaliyan singgeri wangga inenggi biya be jetere nirugan）不分卷

钦天监制。刻本，线装 1 册。页面 27.5 厘米 ×15.5 厘米，版框 25.7 厘米 ×13 厘米。黑口双黑鱼尾，四周双边。满汉合璧，半叶满文、汉文各 5 行。

ИВР РАН-СПб

51.《雍正十年五月十六日壬申望月食图》（hūwaliyasun tob i juwanci aniya sunja biya i juwan ninggun de sahaliyan bonio wangga inenggi biya be jetere nirugan）不分卷

钦天监制。刻本，线装 1 册。页面 27 厘米 ×15 厘米，版框 25 厘米 ×13 厘米。满汉合璧，半叶满文、汉文各 5 行。

ИВР РАН-СПб

52.《大清雍正十三年时宪书》（daicing gurun i hūwaliyasun tob juwan ilaci aniya i forgon i yargiyan ton）不分卷

钦天监制。刻本，线装 1 册。页面 36 厘米 ×22.5 厘米，版框 30 厘米 ×20 厘米。黑口双黑鱼尾，四周双边。满文，半叶 12 行。

ИВР РАН-СПб

53.《雍正十三年三月十五日乙酉望月食图》（hūwaliyasun tob i juwan ilaci aniya ilan biya i tofohon de niohon coko wangga inenggi biya be jetere nirugan）不分卷

钦天监制。刻本，线装 1 册。页面 27 厘米 ×15 厘米，版框 25 厘米 ×13.5 厘米。黑口双黑鱼尾，四周双边。满汉合璧，半叶满文、汉文各 6 行。

ИВР РАН-СПб

54.《乾隆二年丁巳时宪书》（abkai wehiyehe i juweci aniya fulahūn meihe erin forgon i ton i bithe）不分卷

钦天监制。刻本，线装 1 册。页面 30 厘米 ×17 厘米，版框 25.5 厘米 ×13.5 厘米。黑口双黑鱼尾，四周双边。满文，半叶 12 行。

ИВР РАН-СПб

55.《大清乾隆二年二月十六日乙申戌望月食图》（daicing gurun i abkai wehiyehe i jai aniya juwe biya i juwan ninggun de niohon bonio indahūn wangga inenggi biya be jetere nirugan）不分卷

钦天监制。刻本，线装 1 册。页面 30 厘米 ×17 厘米，版框 25.5 厘米 ×13.5 厘米。黑口双黑鱼尾，四周双边。满汉合璧，半叶满文、汉文各 7 行。

ИВР РАН-СПб

56.《大清乾隆三年戊午时宪书》（daicing gurun i abkai wehiyehe i ilaci aniya suwayan morin erin forgoni ton i bithe）不分卷

钦天监制。刻本，线装 1 册。页面 35.5 厘米 ×22 厘米，版框 30 厘米 ×20 厘米。黑口双黑鱼尾，四周双边。满文，半叶 12 行。

ИВР РАН-СПб

57.《大清乾隆六年时宪书》（daicing gurun i abkai wehiyehe i ninggun aniya i erin forgoni ton i bithe）不分卷

钦天监制。刻本，线装 1 册。页面 35.5 厘米 ×21 厘米，版框 30 厘米 ×20 厘米。黑口双黑鱼尾，四周双边。满文，半叶 12 行。

ИВР РАН-СПб

58.《乾隆十六年五月初一日乙丁酉朔月食图》（abkai wehiyehe i juwan ningguci aniya sunja biya i ice de niohon fulahūn coko šongge inenggi biya be jetere nirugan）不分卷

钦天监制。刻本，线装 1 册。页面 26.2 厘米 ×14.7 厘米，版框 25 厘米 ×13 厘米。黑口双黑鱼尾，四周双边。满汉合璧，半叶满文、汉文各 5 行。

ИВР РАН-СПб

59.《乾隆十八年三月十五日辛未朔月食图》（abkai wehiyehe i juwan jakūci aniya ilan biya i tofohon de šahūn honin wangga inenggi biya be jetere nirugan）不分卷

钦天监制。刻本，线装 1 册。页面 31 厘米 ×18 厘米，版框 25 厘米 ×13 厘米。黑口双黑鱼尾，四周双边。满汉合璧，半叶满文、汉文各 8 行。

ИВР РАН-СПб

60.《嘉庆十九年甲戌六月初一日庚申朔日食图》（saicungga fengšen i juwan uyuci aniya ninggun biya i ice de šanyan bonio šongge inenggi šun be jetere nirugan）不分卷

钦天监制。刻本，线装 1 册。页面 30.5 厘米 ×17 厘米，版框 21 厘米 ×12.5 厘米。满汉合璧，半叶满文、汉文各 7 行。

ИВР РАН-СПб

61.《嘉庆二十一年十月十七日壬辰望月食图》（saicungga fengšen i orin emuci aniya juwan biya i juwan nadan de sahaliyan muduri wangga inenggi biya be jetere nirugan）不分卷

钦天监制。刻本，线装 1 册。页面 23 厘米 ×15 厘米，版框 20.5 厘米 ×13 厘米。黑口双黑鱼尾，四周双边。满汉合璧，半叶满文、汉文各 5 行。

ИВР РАН-СПб

62.《嘉庆二十二年四月初一日甲戌朔日食图》（saicungga fengšen i orin juweci aniya duin biya i ice de niowanggiyan indahūn šongge inenggi šun be jetere nirugan）不分卷

钦天监制。刻木，线装 1 册。页面 29.3 厘米 ×17 厘米，版框 21 厘米 ×13 厘米。黑口双黑鱼尾，四周双边。满汉合璧，半叶满文、汉文各 5 行。

ИВР РАН-СПб

63.《嘉庆二十二年十月初一日辛未朔日食图》（saicungga fengšen i orin juweci aniya juwan biya i ice de šahūn honin šongge inenggi šun be jetere nirugan）不分卷

钦天监制。刻本，蝴蝶装 1 册。页面 29 厘米 ×16 厘米，版框 21 厘米 ×13 厘米。黑口双黑鱼尾，四周双边。满汉合璧，半叶满文、汉文各 8 行。

БВФСПбГУ-СПб

64.《嘉庆二十四年三月十六日戊甲申望月食图》（saicungga fengšen i orin duici aniya ilan biya i juwan ninggun de suwayan niowanggiyan bonio wangga inenggi biya be jetere nirugan）不分卷

钦天监制。刻本，线装 1 册。页面 30 厘米 ×18 厘米，版框 21.5 厘米 ×13 厘米。满汉合璧，半叶满文、汉文各 6 行。黑口双鱼尾，四周单边。РНБ-СПб

65.《嘉庆二十四年八月十五日甲辰望月食图》（saicungga fengšen i orin duici aniya jakūn biya i tofohon de niowanggiyan muturi wangga inenggi biya be jetere nirugan）不分卷

钦天监制。刻本，线装 1 册。页面 30 厘米 ×18 厘米，版框 21.5 厘米 ×13 厘米。黑口双鱼尾，四周单边。满汉合璧，半叶满文、汉文各 6 行。ИВР РАН-СПб

66.《嘉庆二十五年二月二十七日癸卯望月食图》（saicungga fengšen i orin sunjaci aniya juwe biya i orin nadan de sahahūn gūlmahūn wangga inenggi biya be jetere nirugan）不分卷

钦天监制。刻本，线装 1 册。页面 29 厘米 ×17 厘米，版框 23 厘米 ×13 厘米。黑口双鱼尾，四周单边。满汉合璧，半叶满文、汉文各 5 行。ИВР РАН-СПб

67.《道光三年癸末十二月十六日庚戌望月食图》（doro eldengge i ilaci aniya sahahūn honin juwan juwe biya i juwan ninggun de šanggiyan indahūn wangga inenggi biya be jetere nirugan）不分卷

钦天监制。刻本，线装 1 册。页面 30.5 厘米 ×17.5 厘米，版框 22.5 厘米 ×13 厘米。黑口双鱼尾，四周单边。满汉合璧，半叶满文、汉文各 6 行。ИВР РАН-СПб

68.《道光五年十月十七日庚午望月食图》（doro eldengge i sunjaci aniya juwan biya i juwan nadan de šanggiyan morin wangga inenggi biya be jetere nirugan）不分卷

钦天监制。刻本，线装 1 册。页面 28.5 厘米 ×16 厘米，版框 21.5 厘米 ×13 厘米。黑口双鱼尾，四周单边。满汉合璧，半叶满文、汉文各 5 行。

БВФСПбГУ-СПб

69.《大清道光八年时宪书》（daicing gurun i doro eldengge jakūci aniya i erin forgon i ton i bithe）不分卷

钦天监制。刻本，线装 1 册。页面 34 厘米 ×21 厘米，版框 29 厘米 ×19 厘米。黑口双鱼尾，四周单边。满文，半叶 13 行。

БВФСПбГУ-СПб

70.《道光十年庚寅七月十七日壬申望月食图》（doro eldengge juwan aniya šanggiyan tasha nadan biya de juwan nadan de sahaliyan bonio wangga inenggi biya be jetere nirugan）不分卷

钦天监制。刻本，线装 1 册。页面 28 厘米 ×17 厘米，版框 20.5 厘米 ×13.5 厘米。黑口双鱼尾，四周单边。满文，半叶 13 行。

БВФСПбГУ-СПб

71.《大清道光十一年时宪书》（daicing gurun i doro eldengge juwan emuci aniya i erin forgon i ton i bithe）不分卷

钦天监制。刻本，线装 1 册。页面 36 厘米 ×22 厘米，版框 29 厘米 ×19 厘米。黑口双鱼尾，四周单边。满文，半叶 13 行。

БВФСПбГУ-СПб

72.《大清道光十一年七政经纬躔》（daicing gurun i doro eldengge i juwan emuci aniya nadan dasan i hetu undu yabu dulefun i erin forgon i ton）不分卷

钦天监制。刻本，线装 1 册。页面 43 厘米 ×23 厘米，版框 34 厘米 ×20 厘米。黑口双鱼尾，四周单边。满文，半叶 13 行。

БВФСПбГУ-СПб

73.《大清道光十二年时宪书》（daicing gurun i doro eldengge juwan juweci aniya i erin forgon i ton i bithe）不分卷

钦天监制。刻本，线装 1 册。页面 33 厘米 ×21 厘米，版框 29 厘米 ×19 厘米。黑口双黑鱼尾，四周双边。满文，半叶 13 行。

БВФСПбГУ-СПб

74.《大清道光十四年时宪书》（daicing gurun i doro eldengge juwan duici aniya i erin forgon i ton i bithe）不分卷

钦天监制。刻本，线装 1 册。页面 26 厘米 ×22 厘米，版框 29 厘米 ×19 厘米。黑口双黑鱼尾，四周双边。满文，半叶 13 行。

БВФСПбГУ-СПб

75.《大清道光十五年乙未时宪书》（daicing gurun i doro eldengge i tofohoni aniya niohon honin erin forgon i ton i bithe）不分卷

钦天监制。刻本，线装 1 册。页面 34 厘米 ×20.5 厘米，版框 28 厘米 ×19.5 厘米。满文，半叶 13 行。

ИВР РАН-СПб

76.《大清光绪九年时宪书》（daicing gurun i badarangga doro i uyuci aniya i erin forgon i ton i bithe）不分卷

钦天监制。刻本，线装 1 册。页面 36 厘米 ×22 厘米，版框 29 厘米 ×19 厘米。黑口双黑鱼尾，四周双边。满文，半叶 13 行。

БВФСПбГУ-СПб

77.《联珠集》（liyan ju ji）不分卷 ※

〔清〕张天祁撰，〔清〕刘顺译，传统蒙学教材，亦有对阴阳五行、自然现象和季节变化方面的论述，又题《满汉联珠集》（manju nikan hergen kamciha liyan ju ji）。康熙三十八年（1699 年）听松楼刻本，线装 12 册。页面 25.8 厘米 ×15.8 厘米，版框 20.8 厘米 ×15.2 厘米。白口单黑鱼尾，四周单边。满汉合璧，半叶满文、汉文各 9 行，满文在前，汉文在后。卷首钤刘顺和陈飞印各一枚。

ИВР РАН-СПб

78.《联珠集》（liyan ju ji）不分卷

〔清〕张天祁撰，〔清〕刘顺译。康熙四十一年（1702 年）听松楼刻本，线装 12 册。页面 25.7 厘米 ×16.5 厘米，版框 20.3 厘米 ×14.7 厘米。白口单黑鱼尾，四周单边。满汉合璧，半叶满文、汉文各 9 行，满文在前，汉文在后。卷首钤刘顺和陈飞印各一枚。

ИВР РАН-СПб

79.《满汉合璧菜根谭》（manju nikan hergen kamciha ts'ai gen tan bithe）二卷 ①

〔明〕洪应明辑，〔清〕和素校，〔清〕辛太敬译，语录体裁著作《菜根谭》的满文译本。康熙四十六年（1707 年）刻本，线装 4 册。页面 27

---

① 张兆平：《〈满汉合璧菜根谭〉考辨》，载《满语研究》2014 年第 2 期。

厘米×16厘米，版框19厘米×14厘米。白口，四周双边，满汉合璧，半叶满文、汉文各5行。版心有满文书题名，汉文卷次和页码。辑《满汉潘氏总论》（manju nikan hergen i pan ši i šošohon i leolen）、《孝经》（hiyoo ging bithe）、《满汉合璧菜根谭》和《黄石公素书》（hūwang ši gung ni su šu bithe）。

ИВР РАН-СПб

80.《满汉潘氏总论》（manju nikan hergen i pan ši i šošohon i leolen）六卷

［元］潘荣辑，［清］阿什坦译，历史类著作《潘氏总论》的满文译本。康熙四十七年（1708年）刻本，线装6册。页面23.5厘米×14.5厘米，版框7厘米×12厘米。白口，四周双边。满汉合璧，半叶满文、汉文各5行。版心依次为满文书题名，汉文卷次和页码。辑《七本头》（ci ben teo bithe）、《满汉潘氏总论》、《性理》（sing li bithe i dorgi emu meyen）、《满汉合璧菜根谭》（manju nikan hergen kamciha ts'ai gen tan bithe）、《御制三角形推算法论》（hani araha ilan hošonggo arbun i badarambume bodoro argai leolen）、《父母惟其疾之忧》（ama eme damu nimeku seme obošombi）、《满汉合璧孝经》（manju nikan hergen kamciha hiyoo ging bithe）和《黄石公素书》（hūwang ši gung ni su šu bithe）。

ИВР РАН-СПб

81.《御制三角形论》（han i araha ilan hošonggo arbun i leolen）不分卷 ※

［清］佚名辑，由《文章一篇·性理一则》（wen jang emu meyen·sing li emu meyen）、《父母惟其疾之忧》和《御制三角形推算法论》构成的合辑。刻本，线装，存2册。页面24.5厘米×15.5厘米，版框17.2厘米×12厘米。白口，四周单边。满汉合璧，半叶满文、汉文各5行。版心有满文篇名和汉文页码。

ИВР РАН-СПб

82.《满汉合璧格言辑要》（koolingga gisun i oyonggo be šošoho bithe）四卷

[清]佚名译，警世格言合辑，内容涉及为人处世、修身为官等。刻本，线装 4 册。页面 26 厘米 ×18.1 厘米，版框 20.1 厘米 ×15.4 厘米。白口单黑鱼尾，四周双边。满汉合璧，半叶满文、汉文各 5 行。版心有满文书题名、篇目和汉文页码。

ИВР РАН-СПб БВФСПбГУ-СПб

83.《摩诃般若波罗蜜多心经》（jalafungga sure i cargi dalin de akūnaha niyaman sere nomun）不分卷

[清]佚名译，佛教典籍《摩诃般若波罗蜜多心经》的满文译本。雍正元年（1723 年）刻本，经折装 1 册。页面 31 厘米 ×19.5 厘米，版框 25.5 厘米 ×12.5 厘米。满蒙藏汉合璧，上下双边，半叶满文、汉文、蒙古文和藏文各 2 行。

БВФСПбГУ-СПб

84.《贤劫千佛号》（sain g'alba i minggan fucihi i colo）二卷

[清]章嘉呼图克图等奉敕译，佛教典籍《贤劫千佛号》的满文译本。雍正二年（1724 年）刻本，经折装 2 册。页面 28 厘米 ×20 厘米，版框 20.5 厘米 ×18.5 厘米。上下双边。梵藏满蒙汉合璧，半叶梵文、满文、汉文、蒙古文、藏文各 2 行。

ИВР РАН-СПб БВФСПбГУ-СПб

85.《乾隆御制菩提要义》（abkai wehiyehe i han i ubaliyambuha bodi jugūn i jergi tangkan i šošohon i jurgan）不分卷

［清］永瑢等奉敕译，佛教典籍《菩提要义》的满文译本。乾隆五十五年（1790 年）内府刻本，梵夹装 14 函。页面 26 厘米 ×10.2 厘米，版框 21.1 厘米 ×6.5 厘米。四周双边。满文，每函 15 行。

ИВР РАН-СПб БВФСПбГУ-СПб

86.《乾隆御制大乘持斋》（abkai wehiyehe i han i ubaliyambuhangge amba kulge i targame bolgomire macihi jafara doro）不分卷

［清］永瑢等奉敕译，佛教典籍《大乘持斋》的满文译本。乾隆五十五年（1790 年）内府刻本，梵夹装 4 函。页面 26 厘米 ×10.2 厘米，版框 21.1 厘米 ×6.5 厘米。四周双边。满文，每函 15 行。

ИВР РАН-СПб БВФСПбГУ-СПб

87.《乾隆御制释迦佛赞》（abkai wehiyehe i han i ubaliyambuhangge arga de mergen jilan sere maktacun）不分卷

［清］永瑢等奉敕译，佛教典籍《释迦佛赞》的满文译本。乾隆五十五年（1790 年）内府刻本，梵夹装 1 函。页面 26 厘米 ×10.2 厘米，版框 21 厘米 ×6.5 厘米。四周双边。满文，每函 15 行。

ИВР РАН-СПб БВФСПбГУ-СПб

88.《乾隆御制三十五佛经》（abkai wehiyehe i han i ubaliyambuhangge bodisado yabun i entebuku calabun be sume aliyara jalbarin）不分卷

［清］永瑢等奉敕译,佛教典籍《三十五佛经》的满文译本，又题《三十五佛经》（bodisado yabun i entebuku calabun be sume aliyara jalbarin）。乾隆五十五年（1790 年）内府刻本，梵夹装 7 函。页面 27 厘米 ×10.5 厘米，版框 21.3 厘米 ×6.1 厘米。四周双边。满文，每函 15 行。

ИВР РАН-СПб БВФСПбГУ-СПб

89.《乾隆御制积光佛母经咒》（abkai wehiyehe i han i ubaliyambuhangge eldengge gebungge enduringge eme i tarani nomun）不分卷

［清］永瑢等奉敕译，佛教典籍《积光佛母经咒》的满文译本。乾隆五十五年（1790年）内府刻本，梵夹装6函。页面26厘米×10.2厘米，版框21.1厘米×6.5厘米。四周双边。满文，每函15行。

ИВР РАН-СПб　БВФСПбГУ-СПб

90.《乾隆御制尊圣佛母》（abkai wehiyehe i han i ubaliyambuhangge enduringge eiten ehe banjin be biretei geterembure giyolonggo umesi etehe eme gebungge toktobun terani nomun）不分卷

［清］永瑢等奉敕译，佛教典籍《尊圣佛母》的满文译本。乾隆五十五年（1790年）内府刻本，梵夹装19函。页面26厘米×10.2厘米，版框21.1厘米×6.5厘米。四周双边。满文，每函15行。

ИВР РАН-СПб　БВФСПбГУ-СПб

91.《乾隆御制大乘因缘经》（abkai wehiyehe i han i ubaliyambuhangge enduringge nikenjere holbogon gebungge amba kulge i nomun）不分卷

［清］永瑢等奉敕译，佛教典籍《大乘因缘经》的满文译本。乾隆五十五年（1790年）内府刻本，梵夹装6函。页面26厘米×10.2厘米，版框21.1厘米×6.5厘米。四周双边。满文，每函15行。

ИВР РАН-СПб　БВФСПбГУ-СПб

92.《乾隆御制普贤行愿品》（abkai wehiyehe i han i ubaliyambuhang-ge enduringge sain yabun i forobun i han toktoho）不分卷

［清］永瑢等奉敕译，佛教典籍《普贤行愿品》的满文译本。乾隆五十五年（1790 年）内府刻本，梵夹装 16 函。页面 26 厘米 ×10.2 厘米，版框 21.1 厘米 ×6.5 厘米。四周双边。满文，每函 15 行。

ИВР РАН-СПб　БВФСПбГУ-СПб

93.《乾隆御制弥勒愿文》（abkai wehiyehe i han i ubaliyambuhangge maidari i forobun）不分卷

［清］永瑢等奉敕译，佛教典籍《弥勒愿文》的满文译本。乾隆五十五年（1790 年）内府刻本，梵夹装 7 函。页面 26 厘米 ×10.2 厘米，版框 21.1 厘米 ×6.5 厘米。四周双边。满文，每函 15 行。

ИВР РАН-СПб　БВФСПбГУ-СПб

94.《乾隆御制读咒法》（abkai wehiyehe i han i ubaliyambuhangge manjurame ubaliyambuha tarni hūlara arga）不分卷

［清］永瑢等奉敕译，佛教典籍《读咒法》的满文译本。乾隆五十五年（1790 年）内府刻本，梵夹装 9 函。页面 26 厘米 ×10.2 厘米，版框 21.1 厘米 ×6.5 厘米。四周双边。满文，每函 15 行。

ИВР РАН-СПб　БВФСПбГУ-СПб

95.《乾隆御制无量寿佛自身观想经》（abkai wehiyehe i han i ubaliyambuhangge mohon akū jalafungga fucihi i beye urebume gūnire nomen）不分卷

［清］永瑢等奉敕译，佛教典籍《无量寿佛自身观想经》的满文译本。乾隆五十五年（1790 年）内府刻本，梵夹装 17 函。页面 26 厘米 ×10.2 厘米，

版框 21.1 厘米 ×6.5 厘米。四周双边。满文，每函 15 行。

ИВР РАН-СПб　БВФСПбГУ-СПб

96.《无量寿佛吉祥偈》（mohon akū jalafungga fucihi i hūturi fengšen i irgebun）不分卷

［清］永瑢等奉敕译，佛教典籍《无量寿佛吉祥偈》的满文译本，又题《吉祥偈》（hūturi fengšen i irgebun）。乾隆五十五年（1790 年）内府刻本，梵夹装 4 函。页面 26 厘米 ×10.2 厘米，版框 21.1 厘米 ×6.5 厘米。四周双边。满文，每函 15 行。

ИВР РАН-СПб　БВФСПбГУ-СПб

97.《乾隆御制无量寿佛面前观想经》（abkai wehiyehe i han i ubaliyambuhangge mohon akū jalafungga fucihi i juleri urebume gūnire nomun）不分卷

［清］永瑢等奉敕译，佛教典籍《无量寿佛面前观想经》的满文译本。乾隆五十五年（1790 年）内府刻本，梵夹装 21 函。页面 26 厘米 ×10.2 厘米，版框 21.1 厘米 ×6.5 厘米。四周双边。满文，每函 15 行。

ИВР РАН-СПб　БВФСПбГУ-СПб

98.《乾隆御制宗喀巴祝文》（abkai wehiyehe i han i ubaliyambuhangge suwayan šajin i da baksi dzungk'aba lama i jalbarin adisatiwa hūdun bahabure gebungge nomun）不分卷

［清］永瑢等奉敕译，佛教典籍《宗喀巴祝文》的满文译本。乾隆五十五年（1790 年）内府刻本，梵夹装 2 函。页面 26 厘米 ×10.2 厘米，版框 21.1 厘米 ×6.5 厘米。四周双边。满文，每函 15 行。

ИВР РАН-СПб　БВФСПбГУ-СПб

99.《乾隆御制摧碎金刚经》（abkai wehiyehe i han i ubaliyam-buhangge umesi sfulere wacir gebungge toktobun tarani）不分卷

［清］永瑢等奉敕译，佛教典籍《摧碎金刚经》的满文译本。乾隆五十五年（1790 年）内府刻本，梵夹装 7 函。页面 26 厘米 ×10.2 厘米，版框 21.1 厘米 ×6.5 厘米。四周双边。满文，每函 15 行。

ИВР РАН-СПб　БВФСПбГУ-СПб

100.《乾隆御制火供经》（abkai wehiyehe i han i ubaliyambuhangge wa i fulehun bure kooli）不分卷

［清］永瑢等奉敕译，佛教典籍《火供经》的满文译本。乾隆五十五年（1790 年）内府刻本，梵夹装 4 函。页面 26 厘米 ×10.2 厘米，版框 21.1 厘米 ×6.5 厘米。四周双边。满文，每函 15 行。

ИВР РАН-СПб　БВФСПбГУ-СПб

101.《乾隆御制功德三世祈祷文》（abkai wehiyehe i han i ubaliyambuhangge gungge erdemungge ilan jalan sere jalbarin）不分卷

［清］永瑢等奉敕译，佛教典籍《功德三世祈祷文》的满文译本。乾隆五十五年（1790 年）内府刻本，梵夹装 11 函。页面 26 厘米 ×10.2 厘米，版框 21.1 厘米 ×6.5 厘米。四周双边。满文，每函 15 行。

ИВР РАН-СПб　БВФСПбГУ-СПб

102.《乾隆御制真实名经》（abkai wehiyehe i han i ubaliyambuhangge nesuken horonggo fucihi i unenggi gebu be yargiyalame nomulaha nomun）不分卷

［清］永瑢等奉敕译，佛教典籍《真实名经》的满文译本。乾隆五十五年（1790 年）内府刻本，梵夹装 31 函。页面 27 厘米 ×10.7 厘米，版框 21.4 厘米 ×6.5 厘米。四周双边。满文，每函 15 行。

ИВР РАН-СПб

103.《乾隆御制清净经》（abkai wehiyehe i han i ubaliyambuhang-ge bolgomire juktehen i kooli durun ini cisui mutebuhe amba elhengge）不分卷

［清］永瑢等奉敕译，佛教典籍《清净经》的满文译本，又题《清净经》。乾隆五十五年（1790 年）内府刻本，梵夹装 5 函。页面 27 厘米 ×10.5 厘米，版框 21.3 厘米 ×6.5 厘米。四周双边。满文，每函 15 行。

ИВР РАН-СПб

104.《乾隆御制重译金刚经》（abkai wehiyehe i han i ubaliyambuhang-ge han i araha dasame ubaliyambuha wacir i lashalara nomun）不分卷

［清］永瑢等奉敕译，佛教典籍《御制重译能断金刚般若波罗蜜多经》的满文译本。乾隆五十五年（1790 年）内府刻本，梵夹装 3 函。页面 26 厘米 ×10.3 厘米，版框 21.3 厘米 ×6.5 厘米。四周双边。满文，每函 15 行。

ИВР РАН-СПб

105.《御制重译金刚经》（abkai wehiyehe i han i ubaliyambuhang-ge han i araha dasame ubaliyambuha wacir i lashalara nomun）不分卷

［清］永瑢等奉敕译，佛教典籍《金刚经》的满文译本。道光十二年（1832 年）抄本，线装 1 册。页面 17.4 厘米 ×14 厘米。四周双边。满文，半叶 7 行。

РНБ-СПб

106.《乾隆御制三世吉祥愿文经》（abkai wehiyehe i han i ubaliyambu-hangge ilan forgoni i sain forobun nomun）不分卷

［清］永瑢等奉敕译，佛教典籍《三世吉祥愿文经》的满文译本。乾隆五十五年（1790 年）内府刻本，梵夹装 9 函。页面 27.5 厘米 ×10.8 厘米，版框 21.3 厘米 ×6.5 厘米。四周双边。满文，每函 15 行。

ИВР РАН-СПб

107.《乾隆御制文殊师利赞》（abkai wehiyehe i han i ubaliyambuhangge manjusiri i maktacun）不分卷

［清］永瑢等奉敕译，佛教典籍《文殊师利赞》的满文译本，又题《文殊赞》（manjusiri i maktacun）。乾隆五十五年（1790 年）内府刻本，梵夹装 2 函。页面 26 厘米 ×10.3 厘米，版框 21.3 厘米 ×6.5 厘米。四周双边。满文，每函 15 行。

ИВР РАН-СПб БВФСПбГУ-СПб

108.《乾隆御制无量寿经传宗祈祷》（abkai wehiyehe i han i ubaliyambuhangge mohon akū jalafungga fucihi i abisik nomun i lamasai jalbarin）不分卷

［清］永瑢等奉敕译，佛教典籍《无量寿经传宗祈祷》的满文译本，又题《无量寿佛经传宗祈祷文》（mohon akū jalafungga fucihi i abisik ulan i lamasa i jalbarin）。乾隆五十五年（1790 年）内府刻本，梵夹装 4 函。页面 26 厘米 ×10.3 厘米，版框 21.3 厘米 ×6.5 厘米。四周双边。满文，每函 15 行。

ИВР РАН-СПб БВФСПбГУ-СПб

109.《乾隆御制无量寿佛回向文》（abkai wehiyehe i han i ubaliyambuhangge mohon akū jalafungga fucihi i forobun）不分卷

［清］永瑢等奉敕译，佛教典籍《无量寿佛回向文》的满文译本。乾隆五十五年（1790 年）内府刻本，梵夹装 2 函。页面 26 厘米 ×10.5 厘米，版框 21.2 厘米 ×6.5 厘米。四周双边。满文，每函 15 行。

ИВР РАН-СПб БВФСПбГУ-СПб

110.《乾隆御制极乐世界愿文经》（abkai wehiyehe i han i ubaliyambuhangge surgewadi bade banjire be mutebure wesihun gurun i duka be neihe forobun nomun）不分卷

［清］永瑢等奉敕译，佛教典籍《极乐世界愿文经》的满文译本。乾隆五十五年（1790 年）内府刻本，梵夹装 15 函。页面 27.5 厘米 ×10.7 厘米，版框 21.3 厘米 ×6.8 厘米。四周双边。满文，每函 15 行。

ИВР РАН-СПб

111.《乾隆御制释迦牟尼佛赞摄援要律》（abkai wehiyehe i han i ubaliyambuhangge šakiyamuni fucihi i maktacun endistit i oyonggo doron gebungge nomun）不分卷

［清］永瑢等奉敕译，佛教典籍《释迦牟尼佛赞摄援要律》的满文译本。乾隆五十五年（1790 年）内府刻本，梵夹装 6 函。页面 26.2 厘米 ×10.5 厘米，版框 21.3 厘米 ×6.8 厘米。四周双边。满文，每函 15 行。

ИВР РАН-СПб

112.《乾隆御制金刚般若波罗蜜多经》（abkai wehiyehe i han i enduringge wacir i lashalara sure i cargi dalin de akūnaha amba kulge nomun）不分卷

［清］永瑢等奉敕译，佛教典籍《金刚般若波罗蜜多经》的满文译本。乾隆五十五年（1790 年）内府刻本，梵夹装 54 函。页面 26 厘米 ×10.3 厘米，版框 21.3 厘米 ×6.5 厘米。四周双边。满文，每函 15 行。

ИВР РАН-СПб

113.《水供经》（tanggūbalin sindara kooli）不分卷

［清］佚名译，佛教典籍《水供经》的满文译本。乾隆年间刻本，梵夹装 12 函。页面 26 厘米 ×10.2 厘米，版框 21.1 厘米 ×6.5 厘米。四周双边。

满文，每函 15 行。

ИВР РАН-СПб БВФСПбГУ-СПб

114.《衍教经》（šajin badarara nomun）不分卷

佚名译，佛教典籍《衍教经》的满文译本。乾隆年间刻本，梵夹装 5 函。
页面 26 厘米 ×10.2 厘米，版框 21.1 厘米 ×6.5 厘米。四周双边。满文，每
函 15 行。

ИВР РАН-СПб БВФСПбГУ-СПб

115.《地藏菩萨本愿经》（na i niyamangga fusa i da forobun i nomun）二卷

［清］佚名译，佛教典籍《地藏菩萨本愿经》的满文译本。刻本，线
装 1 册。页面 29.4 厘米 ×17.9 厘米，版框 21.5 厘米 ×15 厘米。白口单黑鱼
尾，四周双边。满汉合璧，半叶满文、汉文各 6 行。版心有汉文书题名、
卷次和页码。

ИВР РАН-СПб БВФСПбГУ-СПб

116.《皈依经》（enteheme akdacun nomun toktoho）不分卷

［清］佚名译，佛教典籍《皈依经》的满文译本。乾隆年间刻本，梵
夹装 4 函。页面 26 厘米 ×10.4 厘米，版框 21.3 厘米 ×6.8 厘米。四周双边。
满文，每函 15 行。

ИВР РАН-СПб

117.《御制大云轮请雨经》（han i ubaliyambuha amba tugi mandal aga agabure nomun toktoho）不分卷

［清］永瑢等奉敕译，佛教典籍《大云轮请雨经》的满文译本。乾隆
五十五年（1790 年）内府刻本，经折装 1 册。页面 31 厘米 ×12.5 厘米，

版框 25.5 厘米 ×12 厘米。上下双边。满蒙藏汉合璧，半叶满文、蒙古文、藏文、汉文各 2 行。

БВФСПбГУ-СПб

118.《药师琉璃光王佛经》（ineku jihe oktosi han beiduri eldengge fucihi i kooli durun kensebure boobai sere gebungge nomun toktoho）不分卷

［清］佚名译，佛教典籍《药师琉璃光王佛经》的满文译本。乾隆年间刻本，梵夹装 107 函。页面 26 厘米 ×10 厘米，版框 21 厘米 ×6.5 厘米。四周双边。满文，每函 15 行。

БВФСПбГУ-СПб

119.《无量寿佛赞》（mohon akū jalafungga fucihi i maktacun）不分卷

［清］佚名译，佛教典籍《无量寿佛赞》的满文译本。乾隆年间刻本，梵夹装 32 函。页面 26 厘米 ×10 厘米，版框 21 厘米 ×6.5 厘米。四周双边。满文，每函 15 行。

БВФСПбГУ-СПб

120.《救度佛母赞》（enduringge doobume aitubure eme i maktacun）不分卷

［清］佚名译，佛教典籍《救度佛母赞》的满文译本，又题《救度佛母仪轨》。乾隆年间刻本，线装 1 册。页面 26 厘米 ×10 厘米，版框 21 厘米 ×6.5 厘米。四周双边。满文，每函 15 行。

БВФСПбГУ-СПб

121.《文殊赞》（manjusiri i maktacun）不分卷

［清］佚名译，佛教典籍《文殊师利赞》的满文译本。乾隆年间刻本，梵夹装 2 函。页面 26 厘米 ×10 厘米，版框 21 厘米 ×6.5 厘米。四周双边。满文，每函 15 行。

БВФСПбГУ-СПб

122.《释迦牟尼佛赞摄授要津》（šigiyamuni fucihi i maktacun adistit i oyonggo dogon gebungge nomun）不分卷

佚名译，佛教典籍《释迦牟尼佛赞摄授要津》的满文译本。乾隆年间刻本，梵夹装 6 函。页面 26 厘米 ×10 厘米，版框 21 厘米 ×6.5 厘米。四周双边。满文，每函 15 行。

БВФСПбГУ-СПб

123.《绿像救度佛母赞》（niowanggiyan doobume aitubure eme i maktacun）不分卷

佚名译，佛教典籍《绿像救度佛母赞》的满文译本。乾隆年间刻本，梵夹装 7 函。页面 28.2 厘米 ×20 厘米，版框 21 厘米 ×18.2 厘米。四周双边。满文，每函 15 行。

БВФСПбГУ-СПб

124.《三分巴令经》（ilan ubungga baling ni nomun）不分卷

佚名译，佛教典籍《三分巴令经》的满文译本。乾隆年间刻本，梵夹装 20 函。页面 26 厘米 ×10 厘米，版框 21 厘米 ×6.5 厘米。四周双边。满文，每函 15 行。

БВФСПбГУ-СПб

125.《十六罗汉经》（enduringge juwan ninggun akdun yabungga i hengkin jukten gebungge nomun）不分卷

佚名译，佛教典籍《十六罗汉经》的满文译本。乾隆年间刻本，梵夹装 18 函。页面 26 厘米 ×10 厘米，版框 21 厘米 ×6.5 厘米。四周双边。满文，每函 15 行。

БВФСПбГУ-СПб

126.《九黑香法》（enduringge nag'adzuna bakši i banjibuha uyun yacin hiyan acabure dasargan）不分卷

佚名译,佛教典籍《九黑香法》的满文译本。乾隆年间刻本,梵夹装 3 函。页面 26 厘米 ×10 厘米，版框 21 厘米 ×6.5 厘米。四周双边。满文,每函 15 行。

БВФСПбГУ-СПб

127.《佛说阿弥陀经·心经》（fucihi nomulaha abida nomun· niyaman i nomun i šutucin）不分卷

佚名译，佛教典籍《佛说阿弥陀经》与《心经》的满文译本。刻本，线装 1 册。页面 28.5 厘米 ×17.5 厘米，版框 18.7 厘米 ×14 厘米。白口单黑鱼尾，四周双边。满汉合璧，半叶 5 行。版心有汉文书题名和页码。

ИВР РАН-СПб

128.《佛说四十二章经》（fucihi i nomulaha dehi juwe fiyelen nomun）不分卷 ※

［清］佚名译，乾隆年间刻本。页面 52 厘米 ×18 厘米，版框 46 厘米 ×10.5 厘米。藏满蒙汉合璧。

БВФСПбГУ-СПб

129.《满蒙汉合璧翻译明心宝鉴》（manju monggo nikan kamciha ubaliyambuha mujilen be genggiyelere oyonggo buleku bithe）四卷 ※

〔清〕巴梁、〔清〕洪吉拉特译，儿童教科书《明心宝鉴》的满文和蒙古文译本，内容涉及释家与儒家思想。道光十一年（1831 年）抄本，所据底本为乾隆四年（1739 年）刻本，线装 1 册。页面 26 厘米 ×25 厘米。四周单边。满蒙汉合璧，半叶满文、蒙古文和汉文各 6 行。

БВФСПбГУ-СПб

130.《师子峰如如颜丙劝修净业文》（ši dze fung ba i žu žu yan bing ni araha bolgo weilen be dasara be hacihiyara bithe）不分卷 ※

〔清〕佚名译，佛教著作《师子峰如如颜丙劝修净业文》的满文译本，又题《狮子峰如如颜丙劝修净业文》。刻本，线装 1 册。页面 28.5 厘米 ×17 厘米，版框 19.5 厘米 ×14 厘米。白口，四周双边。满汉文，半叶 5 行，行字不等。由《劝修净业文》和《莲池大师普劝戒杀放全文》构成。

ИВР РАН-СПб

131.《学修十八个要项》（juwan jakūn acangga sere tacihiyan）不分卷 ※

〔清〕佚名译，佛教著作《学修十八个要项》的满文译本，又题《十八宜之训》。刻本，线装 1 册。页面 26 厘米 ×17 厘米，版框 22.5 厘米 ×15.4 厘米。白口双黑鱼尾，上下双边，左右单边。满蒙藏合璧，上下 2 栏，半叶藏文、满文和蒙古文各 2 行。版心有满文题名 tacihiyan "训" 和页码。封面右上角镌藏文 bslab bya gces pa btso brgyad pa bzhugs "学修十八要项"、满文 juwan jakūn acangga sere tacihiyan "十八宜之训" 和蒙古文 arban naiman keregtü kemekü suryal "十八宜之训"。

РНБ-СПб　БВФСПбГУ-СПб　ИВР РАН-СПб

132.《御制四体合璧翻译名义集考证》（hesei dasaha duin hacin i hergen kamciha ubaliyambure gebu jurgan be isamjaha bithe）不分卷 ※

［清］永瑢等奉敕译，佛教著作《御制四体合璧翻译名义集考证》的满文译本。乾隆五十五年（1790 年）内府刻本，线装存 15 册。页面 25.7 厘米 ×13 厘米，版框 25.3 厘米 ×13 厘米。白口，四周双边。满蒙藏汉合璧，半叶满文、蒙古文、藏文和汉文各 2 行。

ИВР РАН-СПб

133.《六祖法宝坛经》（liyan ju fa boo jin bithe）三卷 ※

［唐］法海辑录，［清］佚名译，佛教著作《六祖法宝坛经》的满文译本。刻本，线装 4 册。页面 27.5 厘米 ×17 厘米，版框 16 厘米 ×6.9 厘米。白口单黑鱼尾。满汉文，首册汉文，封面左上方存题名"六祖法宝坛经全卷"，半叶 8 行，第二至第四册满文，封面右上方存满文书题名及卷数，半叶 7 行，行字不等。版心有汉文卷数和页码。

ИВР РАН-СПб

134.《吾主耶稣基督新约圣书：马太传福音书》（musei ejen isus heristos i tutabuha ice hese: enduringge ewanggeliaum mattei i ulaha songkoi）不分卷 [1]※

［俄］利波大措夫（С.В.Липовцов）译，道光二年（1822 年）译于圣彼得堡，是基督教著作《吾主耶稣基督新约圣书》中《马太传福音书》的满文译本。刻本，线装 1 册。页面 26.3 厘米 ×18.8 厘米，版框 22 厘米 ×17 厘米。白口，四周双边。满文，半叶 13 行。[2] 版心有满文各部书题名、页码和阿拉伯数字页码。

РНБ-СПб

---

① 黄娟：《满文〈马太福音〉探析——以利波佐夫译本为中心》，载《宗教学研究》2019 年第 1 期。

② 薛莲：《大连图书馆馆藏满文〈新约全书〉考略》，载《满语研究》2008 年第 1 期。

135.《福音》（enduringge ewanggeliaum）不分卷 ※

　　［俄］利波夫措夫（С.В.Липовцов）译，道光十五年（1835 年）译于圣彼得堡，《吾主耶稣基督新约圣书》中《马太福音》《马可福音》《路加福音》《约翰福音》的满文译本。刻本，线装 8 册。版框 22 厘米 ×17 厘米。白口单黑鱼尾，四周双边。满文，半叶 13 行，第四至第八册为《吾主耶稣基督新约圣书》（musei ejen isus heristos i tutabuha ice hese）。版心有满文书题名和页码。

　　ИВР РАН-СПб

136.《朱子节要》（ju dzi jiye yoo bithe）十四卷 ※

　　［南宋］朱熹注，［明］高攀龙辑。抄本，线装 6 册。页面 25.8 厘米 ×16.2 厘米。满汉合璧，半叶满文、汉文各 7 行。原书封面右上角存满文书题名与卷数，首册包括《朱子节要原序》、《朱子节要序》、《目录》与卷一内容，第 2 册包括卷二、卷三内容，第 3 册四十叶包括卷四至卷六内容，第 4 册四十四叶包括卷七至卷九内容，第 5 册四十一叶包括卷十、卷十一内容，第 6 册四十二叶包括卷十二至卷十四内容。

　　ИВР РАН-СПб

137.《日知荟说》（inenggidari sahangge be acamjiha gisuren）一卷 ※

　　［清］高宗御撰，清乾隆朝前历代皇帝治理国家的名言合辑。雍正十三年（1735 年）抄本，线装 4 册。页面 26 厘米 ×16 厘米。满文，半叶 7 行。每册封面钤朱色"锺氏之印"，3 厘米 ×3 厘米，首册前言处钤朱色"干亭"印，3 厘米 ×3 厘米，每册扉页钤朱色"芝乘堂"印，3.5 厘米 ×1.4 厘米。

　　БВФСПбГУ-СПб

138.《圣谕广训》（enduringge tacihiyan be neileme badarambuha bithe）二卷 ※

〔清〕圣祖御撰，〔清〕世宗释。光绪十七年（1891 年）抄本，线装 14 页。满文，半叶 11 行。

ИВР РАН-СПб

139.《满蒙合璧三字经》（manju monggo hergen i kamcime suhe san dzi ging ni bithe）不分卷 ※

〔南宋〕王应麟撰，〔清〕惟德·陶格译满文，〔清〕富俊译蒙古文。道光十二年（1832 年）抄本，线装 16 页。满文，半叶 7 行。残损严重，封面存满文 inenggi sain "日吉"、manju bithe "清语书"。

ИВР РАН-СПб

140.《二十四孝》（orin duin hiyoošun i bithe）不分卷 ※

〔元〕郭居敬编，〔清〕佚名译。抄本，线装 12 页。页面 24.5 厘米 ×11.5 厘米。满文，半叶 12 行。封面存满文书题名 orin duin hiyoošun i bithe emu debtelin "二十四孝一册"，另存乾隆元年（1736 年）满译本序言。

ИВР РАН-СПб

141.《三合名贤集》（ilan hacin gisun i kamcibuha gebungge saisa isabuha bithe）一卷 ※

抄本，线装 1 册。满蒙汉合璧，半叶满文、汉文、蒙古文各 3 行。原书封面右上方存汉文书题名 "三合名贤集"。

ИВР РАН-СПб

142.《醒世要言》（jalan de ulhibure oyonggo gisun i bithe）不分卷 ※

　　［明］吕坤撰，［清］和素译。抄本，线装 74 页。满文，半叶满文、汉文各 5 行。

　　БВФСПбГУ-СПб

143.《醒世要言·女儿经》（jalan de ulhibure oyonggo gisun i bithe·nioi er ging bithe）不分卷 ※

　　［明］吕坤撰，［清］和素译，《醒世要言》与《女儿经》满文译本的合辑。抄本，毛装 1 册，其中《醒世要言》计 88 页，《女儿经》计 18 页。页面 28 厘米 ×20 厘米。满汉合璧，半叶满文、汉文各 5 行。

　　БВФСПбГУ-СПб

144.《清字孔子家语》（kungdzi boo i tacihiyan）六卷 ※

　　［清］佚名译，记录孔子及其弟子言行的著作。抄本，线装 6 册。页面 27 厘米 ×20 厘米。满文，半叶 7 行。

　　БВФСПбГУ-СПб

145.《七训须读》（nadan tacihiyan be urunakū hūlabure bithe）不分卷 ※

　　［清］博赫辑。乾隆二十九年（1764 年）抄本，线装 34 页。页面 22 厘米 ×11.5 厘米。满文，半叶 3 行。

　　ИВР РАН-СПб

146.《小学·卷二》（ajige tacikū·jai debtelin）一卷 ※

　　［南宋］朱熹撰，［明］陈选集注，［清］古巴岱译。抄本，线装 2 册。页面 24 厘米 ×20.3 厘米。满文，半叶 14 行。原书无封面，前两页残损严重，

字迹模糊难辨。

IBP PAH-CПб

147.《二十四孝诗》（orin duin hiyoošungga irgebun）不分卷 ※

光绪二十一年（1895 年）抄本，线装 18 页。页面 20.5 厘米 ×11 厘米。满汉合璧，半叶满文、汉文各 7 行。封面钤"冯队营务处齐营右翼"朱色印。

IBP PAH-CПб

148.《太上感应篇》（tai šang ni acabume karulara bithe）不分卷 ※

抄本，线装 18 页。页面 30.5 厘米 ×18 厘米。满文，半叶 4 行。

PHБ-CПб

149.《满汉道德经》（man han doo de ging）不分卷 [1]※

［春秋］老子撰，道家著作《道德经》的满文译本。抄本，线装 159 页。页面 20.5 厘米 ×13 厘米。满汉合璧，半叶满文、汉文各 5 行。[2]

IBP PAH-CПб

150.《黄石公素书》（hūwang ši gung ni su šu bithe）一卷 ※

［北宋］张商英注，［清］达海译满文，［清］和素校，阐明以道家学说谋略天下、以法家学说理将带兵、以儒家思想治理天下的军事著作的满文译本，分《原始》《正道》《求人之志》《本德宗道》《遵义》《安礼》等。抄本，线装 63 页。页面 27 厘米 ×25 厘米。满汉合璧，半叶满文、汉文各 6 行。

IBP PAH-CПб

---

① 张鸿彦：《〈道德经〉在俄罗斯的译介及传播》，载《人文论丛》2017 年第 2 期。

② 郑洁岚：《论中华典籍翻译的策略选择——兼评〈道德经〉的两个俄译本》，上海外国语大学硕士学位论文，2009 年。

151.《孙子十三篇》（sun dzi i juwan ilan fiyelen）不分卷 ※

　　［清］佚名译。抄本，线装 42 页。页面 28 厘米 ×18 厘米。满文，半叶 7 行。封面存满文书题名。

　　ИВР РАН-СПб

152.《御制星历考原》（han i toktobuha sing li gao yuwan i bithe）不分卷 ※

　　［清］圣祖御撰。抄本，线装 77 页。页面 30 厘米 ×19 厘米。满文，半叶 7 行。原书残损严重，封面右上方存满文书题名及卷数 han i toktobuha sing li gao yuwan i bithe·sunjaci debtelin "御制星历考原·卷五"。

　　ИВР РАН-СПб

153.《许真君玉匣记》（hioi jen giyūn i ioi hiya gi bithe）不分卷 ※

　　［晋］许逊撰，［清］佚名译，占卜著作《玉匣记》的满文译本，又题《玉匣记通书》。页面 49 厘米 ×34 厘米。写本，线装 130 页。满文，半叶 13 行。

　　БВФСПбГУ-СПб

154.《满汉联珠集》（liyan ju ji）不分卷 ※

　　［清］刘顺译。抄本，线装 2 册。页面 26.5 厘米 ×17 厘米。满汉合璧，上栏满文，下栏汉文，半叶各 6 行。首册封面右上方存汉文书题名。

　　ИВР РАН-СПб

155.《百二老人语录》（emu tanggū orin sakda i gisun sarkiyan）不分卷①※

　　［清］松筠辑，［清］富俊译。页面27.5厘米×17.5厘米。写本，线装存8册。满文，半叶6行。

　　ИВР РАН-СПб

156.《百二老人语录》（emu tanggū orin sakda i gisun sarkiyan）不分卷※

　　［清］松筠辑，［清］富俊译。页面20.5厘米×12.5厘米。写本，线装存1册。满文，半叶7行。

　　ИВР РАН-СПб

157.《百二老人语录》（emu tanggū orin sakda i gisun sarkiyan）不分卷※

　　［清］松筠辑，［清］富俊译。页面24.3厘米×17.5厘米。写本，线装存1册。满汉合璧，半叶满文、汉文各6行。

　　ИВР РАН-СПб

158.《格体全录》（dergici toktobuha ge ti ciowan lu bithe）不分卷②※

　　［法］白晋（Joachim Bouvet）撰，［清］佚名译。康熙十九年（1680年）于欧洲出版，后据其汉文译本译为满文。写本，线装12册。页面26厘米×17.5厘米。满文，半叶7行。内附身体器官和血脉插图。

　　БВФСПбГУ-СПб

① 高娃：《松筠满文著作〈百二老人语录〉研究述论》，载《民族文学研究》2019年第3期。
② 杨奕望：《康熙朝满文人体解剖著作〈钦定格体全录〉探赜》，载《历史档案》2017年第4期。

159.《寿世保元》（šeo ši boo iowan）三十卷 ※

〔明〕龚廷贤撰，〔清〕佚名译，医学著作《寿世保元》的满文译本。抄本，线装 3 册。页面 28.5 厘米 ×19 厘米。满文，半叶 7 行，小字双行。

ИВР РАН-СПб

160.《格体全录》（dergici toktobuha ge ti ciowan lu bithe）不分卷 ※

〔法〕白晋（Joachim Bouvet）撰，〔清〕佚名译。抄本，线装 1 册。页面 28 厘米 ×17.5 厘米。满文，半叶 4 行。

ИВР РАН-СПб

161.《佛说四十二章经》（fucihi i nomulaha dehi juwe fiyelen nomun）不分卷 ※

〔清〕佚名译。抄本，线装 71 页。页面 54.5 厘米 ×18 厘米。满蒙汉合璧，半叶满文、蒙古文、汉文各 8 行。

ИВР РАН-СПб

162.《首楞严经》（akdun yabungga sere gebungge amba kulge i nomun）不分卷 ※

〔清〕佚名译。抄本，线装 40 页。页面 21 厘米 ×14.5 厘米。满文，半叶 14 行。[①]

ИВР РАН-СПб

163.《首楞严经》（akdun yabungga sere gebungge amba kulge i nomun）十卷 ※

〔清〕佚名译。抄本，线装 10 册。页面 26 厘米 ×14.5 厘米。满汉合璧，

---

① 〔俄〕季塔连科，罗曼诺夫：《俄罗斯的中国宗教研究》，张冰译，载《国际汉学》2018 年第 1 期。

半叶满文、汉文各 5 行。每册封面右上方存满文书题名及卷数，首册封面另存满文卷数的俄文音读，前四叶为满文《御制首楞严经序》，正文首页末行及次页前两行存满文的藏文音读。

ИВР РАН-СПб

164.《佛说阿弥陀经》（fucihi i nomulaha abida nomun niyaman i nomun）一卷 [①]※

［清］佚名译。抄本，线装 20 页。页面 29 厘米 ×16 厘米。满文，半叶 20 行。另著录梵文书题名 sukhāvati vyūha sūtra "佛说阿弥陀经"。

ИВР РАН-СПб

165.《般若波罗蜜多心经》（sure cargi dalin de akūnaha niyaman nomun）一卷 ※

［清］佚名译。抄本，线装 3 页。页面 29 厘米 ×16 厘米。满文，半叶 10 行。另著录梵文书题名为 prajñā pāramitā hrdaya sūtra "般若波罗蜜多心经"。

ИВР РАН-СПб

166.《耶稣新约圣书》（musei ejen isus heristos i tutabuha ice hese）不分卷 ※

［俄］利波夫措夫（С.В.Липовцов）译，道光十五年（1835 年）译于圣彼得堡。抄本，线装 8 册。页面 30 厘米 ×18 厘米。满文，半叶 12 行。第 1 册版心存满文 enduringge ewanggeliaum mattei i ulaha songkoi "马太传福音书"，第 2 册版心存满文 enduringge ewanggeliaum marka i ulaha songkoi "马可传福音书"，第 3 册版心存满文 enduringge ewanggeliaum iowang ni ulaha songkoi "若望传福音书"，第 4 册版心存满文 enduringge ewanggeliaum luka i ulaha songkoi "路加传福音书"，第 5 册版心存满文

---

① 关迪：《满译〈佛说阿弥陀经〉底本略考》，载《北方语言论丛（第四辑）》2016 年。

geren apostol yabuha babe ejeh "使徒行传",第 6 册版心存满文 apostol pafil i geren roma niyalma de unggihe bithe "使徒保罗达罗马人书",第 7 册版心存满文 apostal pafil i geren g'alat niyalma de unggihe bithe "使徒保罗达加拉太人书",第 8 册版心存满文 apostol yakob i hafu bithe "使徒雅各书"。各册版心处另存汉文页码。

ИВР РАН-СПб

167.《基督新约圣书》（herisetos i tutabuha ice hese）一卷 ※

［俄］利波夫措夫（С.В.Липовцов）译，道光十五年（1835 年）译于圣彼得堡，抄本，线装 7 册。页面 38 厘米 ×25 厘米。满俄合璧，半叶满文、俄文各 7 行。

БИГУ-И

168.《吾主基督新约圣书》（musei ejen herisetos i tutabuha ice hese）一卷①※

［俄］利波夫措夫（С.В.Липовцов）译，道光十五年（1835 年）译于圣彼得堡，抄本，线装存 7 册。页面 44 厘米 ×35 厘米。满俄合璧，半叶满文、俄文各 7 行。

БИГУ-И

---

① ［韩］金东昭：《最初汉语及满洲语〈圣经〉译者——耶稣会士贺清泰》，［韩］林惠彬译，载《国际汉学》2015 年第 2 期。

四、集　部

1.《御制古文渊鉴》（ han i araha julgei šu fiyelen šumin buleku bithe ）六十四卷

［清］徐乾学等编注，文学总集《古文渊鉴》的满文译本，又题《满洲古文》（ manju julgei šu fiyelen ）、《古文渊鉴》（ gu wen yuwan giyan bithe ）。康熙二十四年（1685 年）内府刻本，线装 36 册。页面 30.7 厘米 ×19.2 厘米，版框 24 厘米 ×16.7 厘米。白口，四周双边。满文，半叶 8 行，小字双行。版心有满文书题名、卷次、篇目和汉文页码。

ИВР РАН-СПб　БВФСПбГУ-СПб　НБИГОМ-И　БИГУ-И

2.《翻译古文》（ ubaliyambuha julgei šu fiyelen ）十六卷

［清］孟保辑，内容选自《古文渊鉴》，中国历代文学作品选集。咸丰元年（1851 年）聚星堂刻本，线装 8 册，满汉合璧。页面 23.5 厘米 ×15 厘米，版框 19 厘米 ×14 厘米。白口单黑鱼尾，四周双边。满汉合璧，半叶满文、汉文各 5 行。版心有汉文书题名、卷次、篇目和页码。

ИВР РАН-СПб

3.《御制避暑山庄诗》（han i araha alin i tokso de halhūn be jailaha ši）二卷

［清］圣祖御撰，［清］揆叙等注释，［清］沈嵛绘图，清圣祖取避暑山庄 36 景，各作诗 1 首的诗集，每首诗并各附图 1 幅，附以诗题、小记和注释等。康熙五十一年（1712 年）内府刻本，线装 2 册。白口单黑鱼尾，四周双边。页面 28 厘米 ×17 厘米，版框 19.8 厘米 ×13.2 厘米。满文，半叶 6 行。版心有满文书题名和页码。

РНБ-СПб　БВФСПбГУ-СПб　ИВР РАН-СПб

4.《范忠贞公文集》（tondo unenggi fan gung ni wen ji bithe）四卷

［清］范承谟撰，范承谟文章汇编，康熙四十七年（1708 年）刻本。线装 4 册。页面 28.5 厘米 ×18 厘米，版框 21.5 厘米 ×14.5 厘米。满文，半叶 4 行。首册存目录。

БВФСПбГУ-СПб　ИВР РАН-СПб

5.《御制盛京赋》（han i araha mukden i fujurun bithe）三十二卷

［清］高宗御撰，［清］傅恒等书，由 32 种篆文字体书写歌颂清先祖功业与陪都盛京物产丰富的诗赋。乾隆十三年（1748 年）武英殿刻本，线装 64 册。白口单黑鱼尾，四周双边。页面 31 厘米 ×21 厘米，版框 21 厘米 ×16.5 厘米。满文，半叶 5 行。版心有满文书题名和页码。

БВФСПбГУ-СПб　РНБ-СПб　ИВР РАН-СПб

6.《精译六才子词》（narhūšame ubaliyambuha lu ts'ai dzi ts'i）四卷

［元］王实甫撰，［清］刘顺译校，《西厢记》中曲文的满文译本。[①]
康熙四十七年（1708 年）刻本，线装 4 册。黑口单黑鱼尾，四周双边。页面 26.6 厘米 ×17.4 厘米，版框 24.5 厘米 ×15 厘米。满汉合璧，半叶 7 行。

---

① 季永海：《〈满汉西厢记〉与〈精译六才子词〉比较研究》，载《满语研究》2013 年第 1 期。

版心有汉文书题名和页码。

ИВР РАН-СПб

7.《满汉西厢记》（manju nikan si siyang gi bithe）四卷[①]

［元］王实甫撰，［清］佚名译，古典戏剧《西厢记》的满文译本，又题《合璧西厢记》。康熙四十九年（1710 年）刻本，线装 4 册。页面 23 厘米 ×14.4 厘米，版框 16.8 厘米 ×12.1 厘米。白口单黑鱼尾，四周双边。满汉合璧，半叶满文、汉文各 7 行。版心有汉文书题名和页码。

РНБ-СПб БВФСПбГУ-СПб ИВР РАН-СПб

8.《合璧西厢记》（manju nikan kamciha si siyang gi bithe）四卷[②]

［元］王实甫撰，佚名译，又题《满汉西厢记》。康熙四十九年（1710 年）文盛堂刻本，线装 4 册。页面 23.3 厘米 ×15 厘米，版框 16.2 厘米 ×12 厘米。白口单黑鱼尾，四周双边。满汉合璧，半叶满文、汉文各 7 行。版心有汉文书题名和页码。

ИВР РАН-СПб

9.《西厢记》（si siyang gi bithe）四卷

［元］王实甫撰，佚名译，又题《满汉西厢记》。刻本，线装 4 册。页面 29 厘米 ×18.5 厘米，版框 21 厘米 ×16.5 厘米。白口单黑鱼尾，四周双边。满文，半叶 10 行。版心有汉文书题名和页码。

БВФСПбГУ-СПб

---

① 侯海荣：《〈西厢记〉在俄苏的译介研究述评》，载《戏剧文学》2016 年第 10 期。
② 孙书磊：《巴伐利亚国家图书馆藏〈合璧西厢〉考述》，载《文化遗产》2014 年第 4 期。

10.《西厢记》(cen ši jai ubaliyambuha si siyang gi bithe)
四卷 ※

［元］王实甫撰，［清］佚名译，古典戏曲《西厢记》的满文选译本。
刻本，线装 4 册。页面 28.5 厘米 ×18.5 厘米，版框 21.7 厘米 ×16.3 厘米。满文。

ИВР РАН-СПб

11.《修订西厢记》(tuwancihiyame dasara si siyang gi bithe)
四卷 ※

［元］王实甫撰，［清］佚名译，古典戏曲《西厢记》的满文译本。刻本，
线装 4 册。页面 25.5 厘米 ×15.5 厘米，版框 20.2 厘米 ×15 厘米。满文。版
心有满文书题名和汉文页码。

ИВР РАН-СПб

12.《三国志》(ilan gurun i bithe)一百二十回 [①]

［元］罗贯中撰，［清］祁充格等译，长篇小说《三国演义》的满文
译本，又题《三国演义》或《三国志演义》。[②] 顺治七年（1650 年）刻本，
线装 24 册。页面 35.9 厘米 ×23 厘米，版框 25 厘米 ×18 厘米。白口双黑鱼
尾，四周双边。满文，半叶 9 行。版心有满文书题名、回次和页码。

ИВР РАН-СПб БВФСПбГУ-СПб РНБ-СПб НБИГОМ-И

13.《金瓶梅》(gin ping mei bithe)一百回 [③]

［明］兰陵笑笑生撰，佚名译，长篇小说《金瓶梅》的满文译本，又题《金
瓶梅词话》。[④] 康熙四十七年（1708 年）刻本，线装 32 册。页面 24 厘

---

① 秀云：《满译本〈三国演义〉研究述评》，载《赤峰学院学报（汉文哲学社会科学版）》
2016 年第 12 期。
② 秀云，澳丹：《满译汉文小说〈三国演义〉的学术价值简论》，载《西部蒙古论坛》2016 年第 4 期。
③ 秀云：《满译〈金瓶梅〉"序言"再议》，载《满语研究》2017 年第 2 期。
④ 秀云：《满译〈金瓶梅〉研究述评》，载《赤峰学院学报（汉文哲学社会科学版）》2015 年第 1 期。

米×16 厘米，版框 19.4 厘米×13.7 厘米。白口双黑鱼尾，四周双边。满文，半叶 9 行。版心有满文书题名、回次和页码。

IBP PAH-СПб　НБИГОМ-И　БВФСПбГУ-СПб

14.《麟儿报》（lin el boo bithe）十六回

［清］佚名译，短篇小说《麟儿报》的满文译本。抄本，线装 5 册。页面 25 厘米×21 厘米。满文，半叶 12 行。首册封面残损严重，右上方书满汉文书题名及卷数，其余各册封面右上方书满文书题名及卷数，每册中间书俄文书题名及卷数。

IBP PAH-СПб

15.《唐人说荟》（tang gurun i siyoo šo bithe）二十卷

［清］桃源居士辑，［清］陈世熙增订，长篇小说《唐人说荟》的满文译本，又题《唐人小说》（tang gurun i niyalmai siyoo šo bithe）。页面 29 厘米×20 厘米。抄本，线装存 13 册。满文，半叶 9 行。[①]

БВФСПбГУ-СПб

16.《合璧聊斋志异》（manju nikan liyoo jai jy i bithe）二十四卷[②]

［清］蒲松龄撰，［清］扎克丹译，文言短篇小说集《聊斋志异》的满文节选译本，又题《合璧聊斋志异》《择翻聊斋志异》。道光二十八年（1848 年）刻本，线装 24 册。页面 25.5 厘米×18 厘米，版框 18.5 厘米×15.7 厘米。白口双黑鱼尾，四周双边。满汉合璧，半叶满文、汉文各 7 行。版心有满文书题名、回次和页码。[③]

IBP PAH-СПб　БВФСПбГУ-СПб　РНБ-СПб

---

① 周瑾锋：《〈唐人说荟〉研究》，华东师范大学硕士学位论文，2012 年。

② 李逸津：《阿列克谢耶夫俄译〈聊斋志异〉对中国古代服饰的阐释》，载《徐州工程学院学报（社会科学版）》2015 年第 4 期。

③ 李逸津：《〈聊斋志异〉的巫术文化与阿列克谢耶夫的俄译阐释》，载《文化学刊》2014 年第 4 期。

17.《清文古文渊鉴》（han i araha julgei šu fiyelen šumin buleku bithe）不分卷 [1]※

[清]徐乾学等编注，文学总集《古文渊鉴》的满文译本。抄本，线装 17 页。页面 29.5 厘米×18.2 厘米。满汉合璧，半叶满文、汉文各 6 行。原书无书题名，内包括王羲之的《兰亭集序》、陶渊明的《归去来兮》《桃花源记》《五柳先生传》、孔稚珪的《北山移文》、魏征的《谏太宗十思疏》、骆宾王的《为徐敬业讨武曌檄》等 7 篇文章。

ИВР РАН-СПб

18.《御制全韵诗》（han i araha yongkiyan mudan i irgebun）不分卷 ※

[清]圣祖御撰，[清]揆叙等注释，[清]沈嵛绘图。包含《御制全韵诗》两个不同抄本。第一个版本残损严重，线装 5 册。页面 28.5 厘米×26.5 厘米。满文，半叶 8 行。封面右上方书满文书题名与分册名，首册 dergi necingge mudan "上平声"，第 2 册 fejergi necingge mudan "下平声"，第 3 册 yendengge mudan "上声"，第 4 册 wasingga mudan "去声"，第 5 册 gocingga mudan "入声"，末页中间书满文 doro eldengge i sucungga aniya ninggun biyai tofohon de sarkiyahangge "道光二年六月十五日抄"。第二个版本保存完整，线装 5 册。页面 26.5 厘米×28.5 厘米。满文，半叶 9 行。两版本《御制全韵诗》内容相同，首册均存《御制全韵诗序》。

ИВР РАН-СПб

19.《御制全韵诗注选》（han i araha gubci mudan irgebun be tuwafi suhe hergen i oyonggo be gaiha ejehe yohibun）不分卷 ※

[清]揆叙等注释，《御制全韵诗》中的注释部分。残抄本，线装 25 页。页面 22.5 厘米×17.5 厘米。满文，半叶 10 行。

ИВР РАН-СПб

---

[1] [德]嵇穆：《论〈御制古文渊鉴〉》，江桥译，载《满学研究》（第三辑）1996 年。

20.《金瓶梅》（gin ping mei bithe）十一卷^①※

［明］兰陵笑笑生撰，［清］佚名译。抄本，线装 11 册。页面 26 厘米 ×16.5 厘米。满文，半叶 8 至 9 行，小字双行，首册缺封面存《序言》，末书 elhe tafin i dehi nadaci aniya sunja biya sain inenggi araha "康熙四十七年五月吉日书"，第二册封面右上方书满文书题名及卷数，部分内容存俄文注释。

ИВР РАН-СПб

21.《东汉演义》（dergi han gurun i bithe）五十九回^②※

［明］冯梦龙校订，长篇小说《东汉演义》的满文译本。抄本，线装存 5 册。页面 26.5 厘米 ×23 厘米。满文，半叶 9 行。每册封边右上方存满文书题名与卷数。

ИВР РАН-СПб

22.《西汉通俗演义》（wargi han gurun i bithe）不分卷 ※

［明］甄伟撰，［清］佚名译，又题《西汉演义》。康熙四十八年（1709年）抄本，线装 16 册。页面 29.5 厘米 ×18 厘米。满文，半叶 8 行。

БВФСПбГУ-СПб

23.《西汉通俗演义》（wargi han gurun i bithe）八卷 ※

［明］甄伟撰，［清］佚名译，又题《西汉演义》。康熙四十八年（1709年）抄本，线装 16 册。页面 27 厘米 ×17.6 厘米。满文，半叶 9 行。

ИВР РАН-СПб

---

① 李逸津：《百年俄苏〈金瓶梅〉研究评论》，载《重庆三峡学院学报》2019 年第 6 期。
② 成文艳：《中国古典小说在俄罗斯的翻译与研究（明清以前）》，南开大学博士学位论文，2017 年。

24.《西游记》（si io gi bithe）一百回 ※

［明］吴承恩撰，［清］佚名译。光绪十一年（1885 年）抄本，线装 1 册。页面 24 厘米 ×21.6 厘米。满文，半叶 13 行。原书封面存满文书题名及卷数 si io i bithe • tofohoci debtelin "西游记•卷十五"，扉页中间书满文书题名及卷数，左侧书满文 ere bithe be bahafi tuwaci geren ahūn deote sede baiha eden nonggireo ekiyehun ba bici dasareu fulu ba bici meitereo sehe "观得此书，诸兄弟于缺失处可增补，于多余处可删减"，右侧书满文 fiyelen i ton "目录"，末页左侧书 badarangga doro i ningguci aniya nadan biya juwan juwe si io gi i bithe emu debtelin gemu sini juse kai si ainu gūnin de tebime kiceme "道光六年七月十二日西游记书一册，汝子矣，汝何故研习"，右侧书 mergen hoton bade "于墨尔根城处"，残损严重。

ИВР РАН-СПб

25.《西游记》（si io gi bithe）一百回 ※

［明］吴承恩撰，［清］佚名译。抄本，线装 8 册。页面 24 厘米 ×21.5 厘米。满文，半叶 10 行。首册残损严重，原书无书题名，每册存各回标题。

ИВР РАН-СПб

26.《西游记》（si io gi bithe）一百回 ※

［明］吴承恩撰，［清］佚名译。抄本，线装 11 册，其中第 8 册、第 12 册、第 13 册和第 14 册缺。页面 27.2 厘米 ×22.5 厘米。满汉合璧，半叶 10 行。除第 2 册与第 3 册外，其余各册封面书满文书题名及卷数，首册首页存部分汉文。

ИВР РАН-СПб

27.《西游记》（si io gi bithe）一百回 ※

〔明〕吴承恩撰，〔清〕佚名译。抄本，线装存 7 册。页面 27 厘米 ×22 厘米。满文，半叶 10 行。

ИВР РАН-СПб

28.《三国志通俗演义》（ilan gurun i bithe）十二卷 ① ※

〔元〕罗贯中撰，〔清〕祁充格等译，又题《三国演义》或《三国书》。②抄本，线装 12 册，存卷一、卷五上、卷七上、卷八上、卷九、卷十二上、卷十五上、卷十七上、卷二十上、卷二十一上、卷二十三上、卷二十四上。页面 22 厘米 ×17.5 厘米。满文，半叶 16 行。其中卷十五、卷十七和卷二十一封面书满文、汉文书题名及卷数，各册成书时间不同，卷三上扉页及末页书满文 badarangga doro i jakūci aniya ilan biyai ice ninggun de arame wajiha "成书于光绪八年三月初六日"，卷五末页存满文 badarangga doro i jakūci aniya duin biyai ice ninggun de arame wajiha"光绪八年四月初二日成"和汉文"光绪拾捌岁肆月"，卷十五上末页书汉文"光绪八年十二月初十日"、两处题识"不是人言须克己"，卷十七上存汉文及满文标音"光绪十六年四月二十七日"，卷二十末页书满文 badarangga doro i uyuci aniya juwe biyai orin de arame šanggabuha "成书于光绪九年二月二十日成"和汉文"光绪十八年"，卷二十一上扉页书汉文题识"是道则进，非道则退，不履邪径，不欺暗室，正己化人，乐人之善"。

ИВР РАН-СПб

29.《玉娇梨小传》（ioi jiyao li bithe）不分卷 ※

〔清〕天花藏主人撰，〔清〕佚名译，长篇小说《玉娇梨》的满文译本，又题《玉娇黎》。抄本，线装存 10 册。页面 26 厘米 ×11 厘米。满文，

① 秀云：《〈三国演义〉满文翻译考述》，载《中央民族大学学报（哲学社会科学版）》2014年第 6 期。

② 李士娟：《记满文抄、刻本〈三国演义〉》，载《中国典籍与文化》2005 年第 2 期。

半叶 10 行。

БВФСПбГУ-СПб

30.《玉娇梨》（ioi jiyao li bithe）十四卷 ※

［清］天花藏主人撰，［清］佚名译，又题《玉娇梨小传》。抄本，线装 14 册。页面 26.5 厘米 ×21 厘米。满文，半叶 10 行。首册残损严重，卷二、卷四和卷七存封面，且封面右上方书满文书题名及卷数，其中卷四封面数处书汉文“大吊”“大钱”，卷七封面处书满文 jukšen nirui labudung kemuni simneci ombi hendungga “谓诸克申牛录拉布冬已试成”，末页书诗一首“天寒醉卧酒家楼，除下黄金不回头，夜半山寒财猛虎，归来霜雪满貂裘”，卷十三扉页书满文 kubuhe fulgiyan i ningjung “镶红旗宁钟”。著者天花藏主人，又号荻案山人、荻案散人、荑秋散人和素政堂主人，真实姓名不详，另著有《平山冷燕》《醉菩提全传》《玉支玑》《鸳鸯媒》等。

ИВР РАН-СПб

31.《列国志传》（geren gurun i bithe）一百一十四回 ※

［明］余邵鱼撰，［清］佚名译，历史长篇演义小说《列国志传》的满文译本。抄本，线装 20 册。页面 22 厘米 ×20 厘米。满文，半叶 11 行，每册封面右上方书满文书题名。

ИВР РАН-СПб

32.《列国志传》（geren gurun i bithe）一百一十四回 ※

［明］余邵鱼撰，［清］佚名译。抄本，线装 5 册。页面 22.5 厘米 ×16.5 厘米。满文，半叶 11 行。

ИВР РАН-СПб

33.《列国志传》（geren gurun i bithe）一百一十四回 ※

〔明〕余邵鱼撰，〔清〕佚名译。抄本，线装 1 册。页面 28.2 厘米 ×24 厘米。满文，半叶 14 行。

ИВР РАН-СПб

34.《列国志传》（geren gurun i bithe）一百一十四回 ※

〔明〕余邵鱼撰，〔清〕佚名译。抄本，线装 1 册。页面 20.5 厘米 ×12.3 厘米。满文，半叶 6 行。

ИВР РАН-СПб

35.《列国志传》（geren gurun i bithe）一百一十四回 ※

〔明〕余邵鱼撰，〔清〕佚名译。抄本，线装 20 册。页面 32.5 厘米 ×21 厘米。满文，半叶 9 行。

ИВР РАН-СПб

36.《列国志传》（geren gurun i bithe）一百一十四回 ※

〔明〕余邵鱼撰，〔清〕佚名译。抄本，线装 1 册。页面 18.2 厘米 ×14 厘米。满文，半叶 14 行。

ИВР РАН-СПб

37.《水浒传》（šui hū juwan bithe）一百二十回 ※

〔元〕施耐庵撰，〔清〕佚名译，长篇小说《水浒传》的满文译本。抄本，线装 28 册，残损严重。页面 26 厘米 ×23 厘米。满文，半叶 11 至 12 行。

ИВР РАН-СПб

38.《水浒传》（šui hū juwan bithe）一百一十五回 ※

[元] 施耐庵撰，[清] 佚名译。抄本，线装存 12 册，残损严重。页面 27 厘米 ×23 厘米。满文，半叶 10 行。

ИВР РАН-СПб

39.《水浒传》（šui hū juwan bithe）一百回 ※

[元] 施耐庵撰，[清] 佚名译。康熙四十八年（1709 年）抄本，线装存 2 册，残损严重。页面 28 厘米 ×19 厘米。满文，半叶 10 行。

ИВР РАН-СПб

40.《平山冷燕》（ping šan leng yan i bithe）十卷 ※

[清]天花藏主人撰，[清]佚名译，长篇小说《平山冷燕》的满文译本。抄本，线装 10 册。页面 23.5 厘米 ×20.1 厘米。满文，半叶 11 行。首册扉页存俄文题注，每册封面及封底均书满文书题名及卷数，末册封底右下方书满文 wajiha debtelin "末卷"。

ИВР РАН-СПб

参考书目

古籍文献

［1］阿桂，等.大清律例［M］.北京：中华书局，2015.

［2］阿桂，等.御制满珠蒙古汉字三合切音清文鉴（影印本）［M］.呼和浩特：内蒙古人民出版社，2016.

［3］蔡沈.书经集传［M］.上海：上海古籍出版社，1987.

［4］曹元弼.孝经郑氏注笺释［M］.北京：中国社会科学出版社，2020.

［5］常钧.清话问答四十条［M］.北京：北京大学出版社，2018.

［6］成玄英，郭象.庄子注疏［M］.北京：中华书局，2011.

［7］杜预.春秋经传集解［M］.上海：上海古籍出版社，1978.

［8］福隆安.钦定五军道里表［M］.北京：中华书局，2015.

［9］富俊.清文指要［M］.北京：北京大学出版社，2018.

［10］郭璞，邢昺.尔雅注疏［M］.上海：上海古籍出版社，2010.

［11］何晏，邢昺.论语注疏［M］.北京：中国致公出版社，2016.

［12］黄道周.孝经集传［M］.北京：中国书店，2018.

［13］孔安国，孔颖达.尚书注疏［M］.上海：上海古籍出版社，

2017.

[14] 孔颖达, 等. 春秋左传正义 [M]. 济南: 山东友谊书社, 1993.

[15] 孔颖达, 杜预. 左传注疏 [M]. 上海: 上海古籍出版社, 2017.

[16] 库勒纳, 等. 日讲书经解义 [M]. 海口: 海南出版社, 2012.

[17] 李道平. 周易集解纂疏 [M]. 北京: 中央编译出版社, 2011.

[18] 李隆基, 邢昺. 孝经注疏 [M]. 上海: 上海古籍出版社, 2009.

[19] 刘顺. 满汉成语对待 [M]. 北京: 北京大学出版社, 2018.

[20] 刘统勋. 钦定大清律例 [M]. 海口: 海南出版社, 2000.

[21] 来知德. 易经集注 [M]. 上海: 上海书店, 1988.

[22] 罗文宗. 诗经释证 [M]. 西安: 陕西人民出版社, 1995.

[23] 牛钮, 等. 日讲易经解义 [M]. 北京: 中央编译出版社, 2013.

[24] 皮锡瑞. 孝经郑注疏 [M]. 北京: 中国社会科学出版社, 2020.

[25] 丘浚. 大学衍义补 [M]. 镇江: 江苏大学出版社, 2018.

[26] 沈启亮. 大清全书 [M]. 沈阳: 辽宁民族出版社, 2008.

[27] 嵩洛峰, 徐隆泰. 清文接字·字法举一歌 [M]. 北京: 北京大学出版社, 2018.

[28] 素尔讷. 钦定学政全书 [M]. 北京: 中华书局, 2015.

[29] 孙希旦. 礼记集解 [M]. 北京: 中华书局, 1989.

[30] 万福. 重刻清文虚字指南编 [M]. 北京: 北京大学出版社, 2018.

[31] 万维翰. 律例图说 [M]. 北京: 中华书局, 2015.

[32] 王弼, 韩康伯, 孔颖达. 周易注疏 [M]. 北京: 中央编译出版社, 2013.

[33] 舞格. 清文启蒙 [M]. 北京: 北京大学出版社, 2018.

[34] 徐槐廷. 金刚经解义 [M]. 郑州: 中州古籍出版社, 1992.

[35] 宜兴. 庸言知旨 [M]. 北京: 北京大学出版社, 2018.

[36] 允禄, 等. 同文韵统 [M]. 海口: 海南出版社, 2001.

[37] 郑玄, 孔颖达. 礼记正义 (附校勘记) [M]. 上海: 上海古籍

出版社，1990.

［38］郑玄，孔颖达．礼记注疏［M］．上海：上海古籍出版社，2016.

［39］郑玄，贾公彦．周礼注疏［M］．上海：上海古籍出版社，2010.

［40］郑玄，毛亨，孔颖达，等．毛诗注疏［M］．上海：上海古籍出版社，2013.

［41］朱熹．论语集注［M］．北京：商务印书馆，2015.

［42］朱熹．诗经集传［M］．杭州：浙江人民出版社，2015.

［43］朱熹．四书章句集注［M］．北京：中华书局，1983.

［44］朱熹．四书集注［M］．长沙：岳麓书社，1985.

［45］智信博赫．一百条·清语易言［M］．北京：北京大学出版社，2018.

［46］春秋左传集解［M］．上海：上海人民出版社，1977.

［47］故宫博物院．单清语联清语 蒙文晰义 满蒙汉合璧教科书［M］．海口：海南出版社，2001.

［48］故宫博物院．一学三贯清文鉴 同文韵统 钦定清语［M］．海口：海南出版社，2001.

外文译作

［1］阿列克谢耶夫．《二十四诗品》研究——阿列克谢耶夫汉学论集［M］．路雪莹，译．北京：北京大学出版社，2019.

［2］阿尼西莫夫．西伯利亚埃文克人的原始宗教（古代氏族宗教和萨满教）——论原始宗教观念的起源［M］．于锦绣，译．北京：中国社会科学出版社，2016.

［3］达岑申．俄罗斯汉学史1917—1945：俄国革命至第二次世界大战期间的中国研究［M］．张鸿彦，译．北京：北京大学出版社，2019.

［4］弗拉基米尔·雅可夫列维奇·普罗普．故事形态学［M］．贾放，译．北京：中华书局，2006.

［5］弗拉基米尔·雅可夫列维奇·普罗普.神奇故事的历史根源［M］.贾放，译.北京：中华书局，2006.

［6］季什科夫.民族政治学论集［M］.高永久，韩莉，译.北京：民族出版社，2008.

［7］季塔连科.汉学传统与东亚文明关系论——季塔连科汉学论集［M］.李明滨，刘宏，编选.北京：北京大学出版社，2018.

［8］杰列维杨科.黑龙江沿岸的部落［M］.林树山，姚凤，译.长春：吉林文史出版社，1987.

［9］罗曼诺夫.崛起中国的"新汉学"［J］.张冰，译.比较文学与世界文学，2013（2）.

［10］李福清.中国古典文学研究在苏联（小说·戏曲）［M］.田大畏，译.北京：书目文献出版社，1987.

［11］玛玛耶娃.俄罗斯汉学的基本方向及其问题［M］.李志强，张冰，等，译.北京：北京大学出版社，2018.

［12］梅列金斯基.英雄史诗的起源［M］.王亚民，张淑明，刘玉琴，译.北京：商务印书馆，2007.

［13］齐赫文斯基.回到天安门——俄罗斯著名汉学家齐赫文斯基回忆录［M］.马贵凡，刘存宽，陈春华，译.北京：中共党史出版社，2004.

［14］齐赫文斯基.见证中国近代史变迁——齐赫文斯基汉学论集［M］.孙玉华，编选.北京：北京大学出版社，2018.

［15］史禄国.北方通古斯的社会组织［M］.吴有刚，赵复兴，孟克，译.呼和浩特：内蒙古人民出版社，1985.

［16］斯卡奇科夫.俄罗斯汉学史［M］.柳若梅，译.北京：社会科学文献出版社，2011.

［17］沃尔科娃.满学［J］.白滨，译.民族译丛，1979（3）.

［18］谢列布里亚科夫.中国古典诗词论——谢列布里亚科夫汉学论集［M］.李明滨，张冰，编选.北京：北京大学出版社，2018.

［19］谢·托罗普采夫.俄罗斯1990年代至今的中国文化研究

［J］.张冰,译.俄罗斯文艺,2016（4）.

［20］叶·莫·梅列金斯基.神话的诗学［M］.魏庆征,译.北京:
商务印书馆,1990.

［21］P.马克.黑龙江旅行记［M］.吉林省哲学社会科学研究所翻译组,
译.北京:商务印书馆,1977.

现当代著作

［1］北京市民族古籍整理出版规划小组办公室满文编辑部.北京地区
满文图书总目［M］.沈阳:辽宁民族出版社,2008.

［2］程俊英,蒋见元.诗经注析［M］.北京:中华书局,2017.

［3］杜泽逊.文献学概要［M］.北京:中华书局,2001.

［4］富丽.世界满文文献目录（初编）［M］.北京:中国民族古文
字研究会,1983.

［5］郭孟秀.满文文献概论［M］.北京:民族出版社,2004.

［6］郭英德,于雪棠.中国古典文献学的理论与方法［M］.北京:
北京师范大学出版社,2008.

［7］胡平生.孝经译注［M］.北京:中华书局,1996.

［8］胡双宝.汉语·汉字·汉文化［M］.北京:北京大学出版社,
1998.

［9］黄润华.国家图书馆藏满文文献图录［M］.北京:国家图书馆
出版社,2010.

［10］黄润华,屈六生.全国满文图书资料联合目录［M］.北京:书
目文献出版社,1991.

［11］黄永年.古籍整理概论［M］.西安:陕西人民出版社,1985.

［12］金荣.清代蒙译本《水浒传》研究［M］.沈阳:辽宁民族出版社,
2019.

［13］来新夏.古籍整理讲义［M］.厦门:鹭江出版社,2003.

［14］李明滨．俄罗斯汉学史［M］．郑州：大象出版社，2008.

［15］李伟丽．尼·雅·比丘林及其汉学研究［M］．北京：学苑出版社，2007.

［16］罗江文．中国古典文献学纲要［M］．成都：巴蜀书社，2008.

［17］卢秀丽，阎向东．辽宁省图书馆满文古籍图书综录［M］．沈阳：辽宁民族出版社，2002.

［18］孙钦善．中国古文献学史［M］．北京：中华书局，1994.

［19］汪受宽．孝经译注［M］．上海：上海古籍出版社，2004.

［20］王国轩，等．四书［M］．北京：中华书局，2007.

［21］吴枫．中国古典文献学［M］．济南：齐鲁书社，2005.

［22］项楚，罗鹭．中国古典文献学［M］．北京：中国人民大学出版社，2013.

［23］许逸民．古籍整理释例［M］．北京：中华书局，2011.

［24］阎国栋．俄罗斯汉学三百年［M］．北京：学苑出版社，2007.

［25］杨伯峻．春秋左传注［M］．北京：中华书局，2018.

［26］杨天宇．礼记译注［M］．上海：上海古籍出版社，2004.

［27］张公谨，黄建明．中国民族古籍研究 60 年［M］．北京：中央民族大学出版社，2010.

［28］张海惠，王炬．二十世纪中国少数民族文献分布及学术研究成果——国际性书目之书目［M］．北京：商务印书馆，2006.

［29］张三夕．中国古典文献学［M］．武汉：华中师范大学出版社，2003.

［30］张舜徽．四库提要叙讲疏［M］．昆明：云南人民出版社，2005.

［31］赵春梅．瓦西里耶夫与中国［M］．北京：学苑出版社，2007.

［32］赵国璋，潘树广．文献学大辞典［M］．扬州：广陵书社，2005.

［33］赵令志．中国民族历史文献学［M］．北京：中央民族大学出版社，2006.

［34］中国社会科学院文献情报中心 . 俄苏中国学手册［M］. 北京：中国社会科学出版社，1986.

［35］周庆山 . 文献传播学［M］. 北京：书目文献出版社，1997.

［36］朱崇先 . 中国少数民族古典文献学［M］. 北京：民族出版社，2005.

［37］Avvakum. Katalog der Bücher, Handschriften und Karten in chinesischer, mandjurischer, mongolischer, tebetischer und Sanskrit Sprache . die sich in der Bibliothek des Asiatischen Departements befinden［M］.1843.

［38］Banzarov.Katalog der mandjurischen Bücher. die sic him Asiatischen Museum der Kaiserlichen Akademie der Wissenschaften［M］.1848.

［39］Bernhard Dorn. Catalogue des Manuscrits et Xylographes Orientaux de la Bibliothèque Impériale Publique de St. Pétersbourg. Leipzig［M］.1978.

［40］Bernhard Dorn. Das Asiatische Museum der Kaiserlichen Akademie der Wissenschaften zu Saint Petersburg. St.Petersburg［M］.1846.

［41］Brosset. Catalogue des livres et manuscrits Chinois, Mandchous, polyglottes, Japonnais et Coréens, de la bibliothèque du Musée Aisatique, de l'Académie Impériale des Sciences，rédigé par［M］.1840.

［42］Hartmut Walravens. Bibliographie der Bibliographien der mandjurischen Literatur. Wiesbadenm［M］.1996.

［43］Hartmut Walravens. Mandjurische Bücher in Rußland Drei Bestandskataloge. Hamburg［M］.1986.

［44］Jean Bacmeister. Essai sur la bibliothèque et le cabinet de curiosités et d'historie naturelle de l'Académie des Sciences des Saint. Pétersbourg. St. Pétersbourg［M］.1776.

［45］Julius Klaproth. Verzeichnis der Chinesischen und Mandshuischen Bücher und Handschriften in der Bibliothek der Kaiserlichen Akademie der Wisssenschaften. Paris［M］.1810.

［46］Jachonotov K S. Katalog mandjurischer Handschriften und

Blockdruke in den Sammlungen der Bibliothek der Orientalischen Fakultät der Sankt-Petersburger Universität. Wiesbaden: Harrassowitz Verlag Publishing House [M]. 2001.

[47] Volkova M P. Beschreibung der mandjurischen Handschriften des Instituts der Völker Asiens der Akademie der Wissenschaften der UDSSR Moskau [M]. 1965.

[48] Tatjana A Pang. Descriptive Catalogue of Manchu Manuscripts and Block-prints in the St. Petersburg Branch of the Institute of Oriental Studies Russian Academy of Sciences [M]. 2001.

[49] Von Otto Böhtlingk. Verzeichniss der auf Indien bezüglichen Handschriften und Holzdrucke im Asiatischen Museum der Kaiserlichen Akademie der Wissenschaften. St.Petersburg [M]. 1846.

[50] 佐々木史郎. レニングラードの人类学民族学博物馆所蔵の満州文书 [M]. 1991.

[51] Волкова М П. Нишань самани битхэ Предание о нишанской шаманке [M]. Москва, 1961.

[52] Волкова М П. Описание Маньчжурских Ксилографов Института Востоковедения АН СССР [M]. М.: Наука, 1988.

[53] Воробьев М В. Чжурчжэни и государство Цзинь [M]. М.: Наука, 1975.

[54] Ковалевский А М. Каталог санскритским, монгольским, тибетским, маньчжурским и китайским книгам и рукописям, в Библиотеке Императорского Казанского Университета хранящимся [M]. Казань,1834.

[55] Ксенофонтов Г В. Ураангхай-сахалар: Очерки по древней истории якутов [M]. Иркутск, 1937.

[56] Мелихов Г В. Маньчжуры на северо-востоке [M]. Москва: Наука, 1974.

[57] Милибанд С Д. Биобиблиографический словарь Советских

［58］Пан Т А. Маньчжурские письменные памятники как источник по истории и культуре империи Цин XVII–XVIII вв.［M］. Санкт-Петербург, 2004.

［59］Скачков П Е. Библиография Китая［M］. Москва, 1960.

［60］Скачков П Е. Очерки истории русского китаеведения［M］. Москва: Наука, 1977.

［61］Цинциус В И. Сравнительный словарь тунгусо-маньчжурских языков［M］. Ленинград, 1975.

［62］Яхонтов К С. Каталог книг на маньчжурском языке［M］. Хранящихся в фондах Библиотеки Восточного Факультета Ленинградского Университета, 1986.

［63］Яхонтов К С. Китайские и маньчжурские книги в Иркутске［M］. Центр"Петербург. востоковедение", 1994.

［64］Яхонтов К С. Маньчжурские рукописи и ксилографы государственной публичной библиотеки им. М.Е.Салтыкова-Щедрина: сист. кат.［M］. Л.: ГПБ, 1991.

研究论文

［1］安慈莎 . 俄罗斯汉语教学历史、现状和展望［D］. 大连：辽宁师范大学，2020.

［2］白杨，白璐，张晶晶 . 中国现代小说的俄译研究特征与批评范式［J］. 青年文学家，2019（9）.

［3］波波娃 . 俄罗斯的汉学研究（节选）［N］. 美术报，2016–05–30.

［4］曹欣怡 . 俄国东正教驻京传教团的汉语学术与实践活动探究［D］. 上海：上海外国语大学，2020.

［5］陈友兵 . 苏俄的中国古典文学研究历程及学术特征［J］. 长江学术，

参考书目

151

2007（2）.

[6] 富丽. 满文文献整理纵横谈 [J]. 中央民族学院学报, 1984（3）.

[7] 贡觉, 才旦曲珍. 中国少数民族民间文学学科浅论 [J]. 西藏大学学报（社会科学版）, 2013（1）.

[8] 关嘉禄. 20世纪中国满文文献的整理研究 [J]. 中国史研究动态, 2002（12）.

[9] 郭丽姝, 徐宁. 俄罗斯汉学研究的历史和现状素描 [J]. 齐齐哈尔大学学报（哲学社会科学版）, 2007（2）.

[10] 黄润华. 满文坊刻图书述论 [J]. 文献, 1999（2）.

[11] 季永海, 赵志忠. 三部《尼山萨满》手稿译注 [J]. 满语研究, 1995（1）.

[12] 贾杉杉. 清代汉族古典小说的满文翻译研究 [D]. 沈阳: 沈阳师范大学, 2017.

[13] 雷丽平, 李渤. 俄罗斯汉学的发展演变及其现实意义 [J]. 东北亚论坛, 2011（4）.

[14] 吕微. 中国少数民族文学史编写中的学科问题与现代性意识形态 [J]. 民族文学研究, 2001（1）.

[15] 李秋梅. 俄罗斯汉学繁盛原因探析 [J]. 时代文学, 2007（4）.

[16] 李雄飞. 满文古籍的版本鉴定 [J]. 满语研究, 2015（1）.

[17] 李逸津. 17世纪俄罗斯开辟对华通道的出使活动 [J]. 历史教学, 2003（5）.

[18] 李逸津. 20世纪俄苏《聊斋志异》研究回眸 [J]. 蒲松龄研究, 1999（1）.

[19] 李逸津. 当前俄罗斯汉学视野中的中国当代文学 [J]. 天津师范大学学报（社会科学版）, 2007（6）.

[20] 李逸津. 俄藏中国古籍整理与研究的成绩和不足 [J]. 欧亚人文研究, 2020（1）.

[21] 李逸津. 俄罗斯汉语教学与汉学研究的发端 [J]. 天津师范大

学学报（社会科学版），2004（4）.

　　［22］李逸津.俄罗斯圣彼得堡大学东方系图书馆所藏王西里院士的中国书籍［J］.古典文学知识，2019（2）.

　　［23］李逸津.俄罗斯中国俗文学研究述略［J］.天津师范大学学报（社会科学版），2011（1）.

　　［24］李逸津.世纪之交的俄罗斯汉学——文学研究［J］.俄罗斯文艺，2002（5）.

　　［25］刘亚丁.中俄文化的相遇与相互理解——对话俄罗斯著名汉学家卢基扬诺夫［N］.中国社会科学报，2017-01-05.

　　［26］柳若梅.18世纪俄罗斯汉学概说［J］.国际汉学，2007（1）.

　　［27］柳若梅.《史记》在俄罗斯的收藏与翻译［J］.广东社会科学，2014（3）.

　　［28］柳若梅.《庄子》的俄语译本小议［J］.国际汉学，2012（2）.

　　［29］柳若梅.俄罗斯档案馆藏北堂西文书目考［J］.文献，2020（2）.

　　［30］柳若梅.俄罗斯汉学家出版的早期汉语词典［J］.辞书研究，2013（1）.

　　［31］柳若梅.俄国汉学史上第一部汉语语法书——《汉文启蒙》［J］.福建师范大学学报（哲学社会科学版），2010（2）.

　　［32］柳若梅.俄罗斯汉学中的中国思想文化研究［J］.人文丛刊（第五辑），2010.

　　［33］柳若梅.清代入华俄罗斯汉学家的满汉语词典手稿散论［J］.辞书研究，2010（4）.

　　［34］柳若梅.清前中期语言与世界语言学史［J］.清史研究，2015（1）.

　　［35］马冲宇.新世纪俄罗斯汉学研究动向初探［J］.河北大学学报（哲学社会科学版），2008（5）.

　　［36］梦兰.俄罗斯喀山帝国大学东方学研究中心早期汉学与汉教研究［D］.厦门：厦门大学，2019.

［37］聂鸿音.谢德林图书馆收藏的满文写本和刻本［J］.满语研究，2004（1）.

［38］彭屾.俄罗斯版《中国通史》（第二卷）的翻译与评价［J］.西伯利亚研究，2020（5）.

［39］色音.阿尔泰语系民族萨满教神话探微［J］.民族文学研究，1999（3）.

［40］宋晓梅.俄罗斯科学院东方学所及所藏中国学文献［J］.中国史研究动态，1998（9）.

［41］孙玉华，秀云.中国俄罗斯汉学家研究现状综述［J］.东北亚外语研究，2018（4）.

［42］陶源.俄罗斯藏学研究的主要流派及其成就［J］.国际汉学，2020（1）.

［43］佟克力.俄罗斯满学学者与满学研究［J］.满语研究，2006（1）.

［44］王立群.李福清中国神话研究：在国际视野下构筑中国神话体系［J］.国际汉学，2020（2）.

［45］王晓菊.近年国内的俄罗斯史研究［J］.世界历史，2011（2）.

［46］乌兰其木格.试论民族文字文献目录分类法及其存在的问题——以蒙古文、满文文献目录为中心［J］.内蒙古师范大学学报（哲学社会科学版），2013（5）.

［47］吴昕阳.满文古籍文献概述［J］.满族研究，1997（4）.

［48］吴元丰，徐莉.满文古籍丛谈［J］.满语研究，2015（1）.

［49］吴元丰.满文与满文古籍文献综述［J］.满族研究，2008（1）.

［50］肖玉秋，阎国栋.清代俄罗斯馆与北京黄寺的交往——以19世纪20—30年代俄罗斯馆成员记述为基础［J］.世界宗教研究，2020（4）.

［51］肖玉秋.1917年前俄国关于驻北京传教团政策的演变［J］.南开学报（哲学社会科学版），2013（1）.

［52］肖玉秋.1917年前俄国东正教传教团在华开立学堂考略［J］.世界宗教文化，2011（3）.

［53］肖玉秋.1715 年至 20 世纪初俄国驻北京传教士团研究［J］.世界历史，2004（5）.

［54］肖玉秋.19 世纪下半期俄国东正教驻北京传教士团宗教活动分析［J］.世界近现代史研究（第四辑），2007.

［55］肖玉秋.北京俄罗斯旗人的历史与命运［J］.南开学报（哲学社会科学版），2017（2）.

［56］肖玉秋.东正教在直隶省永平府地区的传播（1898~1917）［J］.世界近现代史研究（第十三辑），2016.

［57］肖玉秋.俄国东正教驻北京传教团监护官考略［J］.清史研究，2010（2）.

［58］肖玉秋.俄国驻北京传教士团东正教经书汉译与刊印活动述略［J］.世界宗教研究，2006（1）.

［59］肖玉秋.论俄国东正教驻北京传教士团的特殊性［J］.俄罗斯研究，2008（1）.

［60］肖玉秋.清季俄罗斯文馆延聘俄人教习研究［J］.史学月刊，2008（12）.

［61］肖玉秋.试论俄国东正教驻北京传教士团文化与外交活动［J］.世界历史，2005（6）.

［62］肖玉秋.试论清代中俄文化交流的不平衡性［J］.史学集刊，2008（4）.

［63］肖玉秋.晚清赴俄使臣的俄国历史文化观［J］.世界近现代史研究（第十辑），2013.

［64］徐宁.俄罗斯汉学研究的现状［J］.黑龙江科技信息，2007（24）.

［65］徐万民.关于清季俄国汉学史的几点思考［C］."中俄关系的历史与现实"学术研讨会，2003.

［66］阎国栋，梁中奇.19 世纪上半期俄国人来华行纪与俄国人中国观的转向［J］.俄罗斯文艺，2017（1）.

［67］阎国栋.17—18 世纪俄国来华使节与俄国汉学萌芽［C］// 中国

中外关系史学会.中西初识二编.郑州：大象出版社，2002.

［68］阎国栋.18世纪俄国的"中国风"探源［J］.俄罗斯文艺，2003（4）.

［69］阎国栋.18世纪俄国文化精英眼中的中国［N］.中国社会科学报，2013-04-17.

［70］阎国栋.18世纪俄国汉学家的中国历史文化观［J］.暨南学报（哲学社会科学版），2014（7）.

［71］阎国栋.别林斯基的中国观及其与俄国汉学的关系［J］.俄罗斯研究，2017（4）.

［72］阎国栋.帝俄汉学家中国历史文化观研究之我见［J］.国际汉学，2012（2）.

［73］阎国栋.帝俄满学的历史与成就［C］//多元视野中的中外关系史研究——中国中外关系史学会第六届会员代表大会论文集.延吉：延边大学出版社，2007.

［74］阎国栋.俄罗斯汉学的过去与现在［J］.中国社会科学报，2015.

［75］阎国栋.俄国汉学家王西里的中国文学观——对世界首部中国文学史专论的思考［J］.文学遗产，2014（6）.

［76］阎国栋.俄罗斯汉学的危机［J］.国外社会科学，2015（6）.

［77］阎国栋.试论19世纪上半叶俄国汉学研究的民族化［J］.国外社会科学，2003（5）.

［78］阎国栋.我国俄罗斯汉学研究的历史与现状［J］.国际汉学，2004（2）.

［79］张冰，A.罗曼诺夫.俄罗斯汉学范式的形成：19世纪知识精英的中国观［J］.国外社会科学，2019（4）.

［80］张冰."语言学诗学"视野中的俄罗斯汉学民间文化问题［J］.社会科学战线，2018（2）.

［81］张冰.历史书写中的俄罗斯汉学［J］.中国俄语教学，2017（2）.

［82］张冰.索洛维约夫与俄罗斯汉学［J］.国际汉学，2017（1）.

［83］张冰.王西里《中国文学史纲要》在俄罗斯汉学中的地位和影响［J］.文化与诗学，2017（1）.

［84］张嘉宾.黑龙江流域的通古斯人及其传统文化［J］.黑龙江民族丛刊，2003（2）.

［85］张淑娟.《楚辞》在俄罗斯的传播［J］.俄罗斯文艺，2011（4）.

［86］张淑娟.俄罗斯对唐诗选的翻译［J］.国际汉学，2019（3）.

［87］张西平.欧洲早期汉学研究的奠基之作［J］.西江月，2010（9）.

［88］张木森.满文文献语言形式及其著录［J］.国家图书馆学刊，2005（2）.

［89］Hartmut Walravens. Omens in Celestial Phenomena. On a Manchu Manuscript［J］. Writtern Monuments of the Orient, 2015(1).

［90］Tatjana A Pang. A Manchu Manuscript on Acupuncture［J］. International Journal for Oriental Manuscript Research, 1999(5).

［91］Tatjana A Pang. Altaic Religious Beliefs and Practices: Manchu Wedding Ceremony［C］. Proceeding of the 33rd Meeting of the Permanent International Altaistic Conference, 1990.

［92］Tatjana A Pang. George Stary. On the Discovery of a Printed Manchu Text Based on Euclid's Elements［J］. International Journal for Oriental Manuscript Research, 2000.

［93］Tatjana A Pang. Rare Manchu Manuscripts from the Collection of the St. Petersburg Branch of the Institute of Oriental Studies, Russian Academy of Sciences［J］. Manuscripta Orientalia, 1995(3).

［94］Tatjana A Pang. The Qing Imperial Credentials in the St. Petersburg Collections［J］. Manuscripta Orientalia, 2003（1）.

［95］Tatjana A Pang. The Imperial Patent of the Kangxi Period in the Collection of the Institute of Oriental Manuscripts, Russian Academy of Sciences［J］. Writtern Monuments of the Orient, 2018(1).

［96］Tatjana A Pang. The Manchu-Chinese Diploma Gaoming (B

108mss) from the Collection of the IOM RAS［J］. Writtern Monuments of the Orient, 2020(4).

［97］Tatjana A Pang. Three Imperial Diploma Gaoming from the Collection of the IOM RAS［J］. Writtern Monuments of the Orient, 2020(1).

［98］Tatjana A Pang. Nicholay Pchelin. Portraits of Qing Meritorious officers in the collection of the State Hermiage: Scroll Restoration and Revised Reading of the texts［J］. Writtern Monuments of the Orient, 2017(2).

［99］Бурыкин А А. Тунгусские шаманские заклинания XVIII века в записях Я. И. Линденау［J］. Системные исследования взаимосвязи древних культур Сибири и Северной Америки, 1997(5).

［100］Пухов И В. Якутское олонхо и калмыцкий «Джангар»［J］. Проблемы алтаистики и монголоведения, 1974(1).

索　引

各单位藏文献索引

一、经部

（一）易类

易经，ИВР РАН-СПб：1，A37mss

御制翻译易经，ИВР РАН-СПб：1，B183xyl；БВФСПбГУ-СПб：4，Мд 93（xyl 427）、Мд 93д（xyl 859）、Мд 93д1（xyl 950/Ld. 14）、Мд93д2

御制日讲易经解义，БВФСПбГУ-СПб：2，Мд218、Мд218д

（二）书类

御制翻译书经，ИВР РАН-СПб：1，C226xyl

御制翻译书经，ИВР РАН-СПб：5，B47xyl、B48xyl、B52xyl、B53xyl、B55xyl

御制翻译书经，БВФСПбГУ-СПб：3，Мд90（xyl 425）、Мд90д（dbl xyl 425）

御制日讲书经解义，ИВР РАН-СПб：1，C6xyl；ВФСПУБ：1，Мд221д

御制日讲书经解义，ИВР РАН-СПб：1，C7xyl；ВФСПУБ：1，

Мд221

（三）诗类

新刻满汉字诗经，ИВР РАН-СПб：1，B252xyl

御制翻译诗经，БВФСПбГУ-СПб：3，Мд92（xyl 426）、Мд92д（xyl 801）、Мд92д1（xyl 2903/Vas.189）

御制诗经，ИВР РАН-СПб：2，C109xyl、C110xyl；БВФСПбГУ-СПб：2，Мд 15（Xyl 72/V.23）

（四）礼类

礼记，ИВР РАН-СПб：1，C213xyl；БИГУ-И：1，инв. 53706-17

御制翻译礼记，ИВР РАН-СПб：3，B33xyl、B34xyl、B262xyl；БВФСПбГУ-СПб：3，Мд74（xyl 57/A.78）、Мд74д（xyl F30/Ld.6）、Мд74д1（xyl 863）

（五）春秋类

春秋，ИВР РАН-СПб：3，A39mss、A122mss、B10mss

御制翻译春秋，ИВР РАН-СПб：1，B124xyl；БВФСПбГУ-СПб：3，Мд75（xyl 56/A.77）、Мд75д（xyl 862）、Plg 133；ИГОМНБ-И：1，инв. 54457-96

左传，ИВР РАН-СПб：1，A121mss

（六）孝经类

满汉合璧孝经，ИВР РАН-СПб：1，B157xyl

孝经，ИВР РАН-СПб：2，B27xyl、B28xyl

孝经合解，БВФСПбГУ-СПб：3，Мд5（xyl 37/A.32）、Мд51д1（dbl. xyl 37）、Мд51д2（2 dbl. xyl 37）

孝经集注，ИВР РАН-СПб：1，C39xyl

（七）四书类

大学，ИВР РАН-СПб：1，A141mss

满汉字四书，БВФСПбГУ-СПб：1，Мд140（xyl 945/Ln.9）；ИВР РАН-СПб：3，B9xyl、B250xyl、B208xyl

满汉字四书，ИВР РАН-СПб：2，B250xyl、B273xyl

孟子，ИВР РАН-СПб：1，A49mss

孟子卷之六朱熹集注告子章句上，ИВР РАН-СПб：1，A82mss

日讲四书解义，БВФСПбГУ-СПб：4，Мд14（Ⅴ22）、Мд14д、Мд14д1、Мд14д2；ИВР РАН-СПб：3，C8xyl、C9xyl、C10xyl、C271xyl、C273xyl；БИГУ-И：1，инв.5581

日讲四书解义，ИВР РАН-СПб：1，C273xyl

四书，ИВР РАН-СПб：1，B8xyl

日讲四书解义，ИВР РАН-СПб：2，C271xyl、C273xyl

四书集注，ИВР РАН-СПб：6，B2xyl、B3xyl、B4xyl、B5xyl、B6xyl、B7xyl

四书集注，РНБ-СПб：1，ОР.маньжн.с.No.11；БВФСПбГУ-СПб：2，Мд100（xyl 858）、plg107

御制翻译四书，ИВР РАН-СПб：2，B243xyl、B13xyl；БВФСПбГУ-СПб：4，Мд89（xyl 424）、Мд89д（xyl 857）、Мд89д1（Ⅴ.U.166）、Plg 12（xyl 398）；БИГУ-И：1，инв.582

御制翻译四书，ИВР РАН-СПб：2，B251xyl、B232xyl；РНБ-СПб：2，ОР.Дорн 672、ОЛСАА.маньж3-2

御制翻译四书，ИВР РАН-СПб：3，B10xyl、B11xyl、B12xyl

论语，ИВР РАН-СПб：1，C278xyl

（八）小学类

1.训诂

钞本初学指南，БИГУ-И：1，инв.636pyk

初 学 指 南，ИВР РАН-СПб：2，B226xyl、B263xyl；РНБ-СПб：1，ОР.маньжн.с.No.1；БВФСПбГУ-СПб：5，Мд209（xyl 4）、Мд209д（xyl 12）、Мд209д1（xyl 906/U.E.518a）、Мд209д2（xyl 973）、Мд209д3（xyl 905/U.E.518a）

满汉合璧字法举一歌，БВФСПбГУ-СПб：1，Мд152（xyl 1643）

满汉字清文启蒙，БВФСПбГУ-СПб：1，Мд192（xyl 2100）

满 汉 字 清 文 启 蒙，БВФСПбГУ-СПб：1，Мд66д2；РНБ-СПб：1，ОР.маньж.н.с.No.5/2

满汉字清文启蒙，ИВР РАН-СПб：4，B200xyl、B201xyl、B25xyl、B280xyl；РНБ-СПб：2，ОР.Дорн 690、ОР.маньж.н.с.No.5/1；НБИГОМ-И：1，инв. 56889-92；БВФСПбГУ-СПб：2，Мд66（xyl 23/A.8）、Мд66д1（xyl 1591）

清文备考，БВФСПбГУ-СПб：2，Мд83（xyl 351）、Мд83д（V.U. 106）；РНБ-СПб：1，ОР.маньжн.с.No.3；ИВР РАН-СПб：6，С65xyl、С66xyl、С67xyl、С68xyl、С69xyl

清文接字，БВФСПбГУ-СПб：1，Мд229（xyl 2171）

清文启蒙，ИВР РАН-СПб：1，A41mss

清文启蒙，ИВР РАН-СПб：1，B30mss

清文启蒙，ИВР РАН-СПб：2，B17xyl、B18xyl；РНБ-СПб：1，ОР.маньж. н.с. No.5/1；БВФСПбГУ-СПб：1，Plg 39（xyl 2262）

清文启蒙，ИВР РАН-СПб：3，B23xyl、B26xyl、B211xyl；РНБ-СПб：1，ОР.маньж. н.с.No.5/1；БВФСПбГУ-СПб：1，Мд66д3（xyl 854）

清文虚字歌，РГБ-М：1，MAH161

清 文 指 要，РНБ-СПб：1，ОЛСАА.маньж3-1；БВФСПбГУ-СПб：5，Мд154（xyl 1646）、Мд154д（xyl 1647）、Мд154д1（xyl 1867）、Мд154д2（V.U.207）

清语易言，ИВР РАН-СПб：1，B173xyl

三合语录，ИВР РАН-СПб：5，B270xyl、B174xyl、B175xyl、B236xyl，С215xyl；БВФСПбГУ-СПб：6，Мд108（xyl883）、Мд108д（xyl25）、Мд108д1（xyl3）、Мд108д2（xyl940）、Мд108д3（xyl287）、Мд108д4（xyl904）；НБИГОМ-И：1，инв. 53833-6

续编兼汉清文指要，ИВР РАН-СПб：2，B140xyl、B141xyl

一百条，ИВР РАН-СПб：1，С290xyl；РГБ-М：1，MAH164

一百条书，ИВР РАН-СПб：1，B56mss

2. 韵书

钦定清汉对音字式，ИВР РАН-СПб：1，B60mss

钦定同文韵统，БВФСПбГУ-СПб：1，Plg68（xyl Q 142）

3. 字书

初学必读，БВФСПбГУ-СПб：1，Мд127（xyl 1638）；ИВР РАН-СПб：1，B279xyl

大清全书，БВФСПбГУ-СПб：2，Мд62（xyl 2）、Мд62д（xyl 1812）；ИВР РАН-СПб：5，C115xyl、C116xyl、C117xyl、C118xyl、C119xyl

翻译类编，ИВР РАН-СПб：2，A5xyl、B292xyl；БВФСПбГУ-СПб：1，Мд121（xyl 630）

翻译四十条，ИВР РАН-СПб：2，B219xyl、B220xyl

六 部 成 语，БВФСПбГУ-СПб：1，Мд96д3（xyl 998/L.24）；ИВР РАН-СПб：1，B204xyl

六部成语，БВФСПбГУ-СПб：1，Мд96д5（V.U.206）

六部成语，БВФСПбГУ-СПб：3，Мд96（xyl 853）、Мд96д（xyl 1631）、Мд96д4（xyl 2146）

六部成语，ИВР РАН-СПб：2，B86xyl、B278xyl；БИГУ-И：1，инв. 56879-84

六部成语，РНБ-СПб：1，ОЛСАА.маньж3-9

满汉百家姓，ИВР РАН-СПб：1，A10xyl

满汉成语对待，БВФСПбГУ-СПб：1，Мд85（xyl 353）

满汉合璧集要，ИВР РАН-СПб：1，C154xyl

满 汉 合 璧 千 字 文，БВФСПбГУ-СПб：1，Plg32（xyl 2094）；ИВР РАН-СПб：1，B291xyl

满汉合璧千字文，БВФСПбГУ-СПб：1，Plg32（xyl 2094/Vas.160）

满汉经文成语，БВФСПбГУ-СПб：1，Мд125；ИВР РАН-СПб：2，B58xyl、B203xyl

满汉类书全集，ИВР РАН-СПб：2，В29xyl、В197xyl；БВФСПбГУ-СПб：1，Мд129（xyl 1641）

满汉六部成语，БВФСПбГУ-СПб：1，Мд96д2（xyl 1632）；ИВР РАН-СПб：1，В214xyl；РНБ-СПб：1，ОЛСАА.ЗВ кит.3-776

满汉全字十二头，ИВР РАН-СПб：1，А9xyl

满汉字训旨十则，ИВР РАН-СПб：1，В158xyl

满汉合璧训旨，БВФСПбГУ-СПб：1，Мд145/Xyl 1060

满汉合璧训旨，БВФСПбГУ-СПб：3，Мд80/Xyl 289/V. No. 113、Мд80д/Xyl 288/V. No. 113、Мд80д1/Xyl 1060/V.U.214

蒙文指要，БВФСПбГУ-СПб：2，Мд126（xyl637）、Plg23（xyl 1113）；ИВР РАН-СПб：1，В115xyl

蒙文总汇，БВФСПбГУ-СПб：1，Plg103（V.U. 117）

千字文，БВФСПбГУ-СПб：1，Мд153（xyl 1645）

钦定清语，ИВР РАН-СПб：1，В154xyl

钦定西域同文志，БВФСПбГУ-СПб：2，Мд70（xyl 35/А.22）、Мд70д（xyl 35/V.U.22）；ИВР РАН-СПб：3，В234xyl、В235xyl、С17xyl

清汉文海，БВФСПбГУ-СПб：3，Мд94（xyl 428）、Мд94д（xyl 428）、Мд94д1（xyl 852）

清文补汇，ИВР РАН-СПб：1，В259xyl；В283xyl；БВФСПбГУ-СПб：5，Мд73（xyl 50）、Мд73д、Мд73д1（V.U.110）、Мд73д2（xyl 429）、Md73d3（xyl 2142）

清文补汇，ИВР РАН-СПб：В69xyl、В70xyl、В71xyl、В72xyl、В73xyl、В74xyl

清文典要，БВФСПбГУ-СПб：1，Мд188（xyl 1115/Chr.57）

清文典要，ИВР РАН-СПб：1，А2xyl

清文典要，ИВР РАН-СПб：1，В293xyl；БВФСПбГУ-СПб：1，Мд122（xyl 1621）

清文典要，ИВР РАН-СПб：2，А1xyl、А3xyl

清文典要大全，БВФСПбГУ：1，Мд204（xyl 1114/Chr.55）

清文汇书，БВФСПбГУ-СПб：1，Мд72（xyl 50）、ИВР РАН-СПб：2，B64xyl、B65xyl

清文汇书，БВФСПбГУ-СПб：1，Мд72д（V.U. 109）、Мд72д1（xyl 922/U.E.534a）；ИВР РАН-СПб，1，B61xyl

清文汇书，БВФСПбГУ-СПб：1，Plg110（xyl 429）

清文汇书，ИВР РАН-СПб，2，B60xyl、B61xyl

清文汇书，ИВР РАН-СПб：1，B59xyl；БВФСПбГУ-СПб：1，Plg129

清文汇书，ИВР РАН-СПб：2，B199xyl、B66xyl

清文汇书，ИВР РАН-СПб：2，B289xyl、B67xyl

清文汇书，ИВР РАН-СПб：2，B62xyl、B63xyl

清语摘抄，БВФСПбГУ-СПб：2，Мд123（xyl1630）、Мд123д1（xyl2180）

清语摘抄，ИВР РАН-СПб：3，B202xyl、B256xyl、B281xyl

清篆举隅，ИВР РАН-СПб：1，C293xyl

三合便览，БВФСПбГУ-СПб：3，Мд64（xyl 16）、Мд64д、Мд64д2（xyl 2143）；ИВР РАН-СПб：1，C79xyl

三合便览，ИВР РАН-СПб：1，A68mss

三合便览，РНБ-СПб：1，OP.маньжн.c.No.12；НБИГОМ-И：1，инв. 54038-49；ИВР РАН-СПб：1，C78xyl

三合便览，НБИГОМ-И：1，инв. 54038-49：1，инв. 54050-2；ИВР РАН-СПб：3，C80xyl、C82xyl、C16xyl；БВФСПбГУ-СПб：1，Мд64д3（xyl 1711）

三体合璧文鉴，РГБ-М：1，MAH162

十二字头，ИВР РАН-СПб：1，A131mss

十二字头，ИВР РАН-СПб：1，A25mss

十二字头，ИВР РАН-СПб：1，C53mss

实录内摘出旧清语，БВФСПбГУ-СПб：1，Мд241

实录内摘出旧清语，БВФСПбГУ-СПб：1，Мд28（xyl 848）；ИВР

РАН-СПб：1，B179xyl

实录内摘出旧清语，ИВР РАН-СПб：1，B238xyl

四体合璧文鉴，ИВР РАН-СПб：6，C73xyl、C74xyl、C75xyl、C76xyl、C77xyl、B267xyl；БВФСПбГУ-СПб：1，Мд175（xyl 33）

同文广汇全书，ИВР РАН-СПб：1，B239xyl

同文广汇全书，ИВР РАН-СПб：2，B87xyl、B88xyl

同文类集，ИВР РАН-СПб：1，B89xyl

文鉴，ИВР РАН-СПб：A30mss

五译合璧集要，ИВР РАН-СПб：1，B147xyl

一学三贯清文鉴，БВФСПбГУ-СПб：1，Мд200（xyl 697）

一学三贯清文鉴，ИВР РАН-СПб：4，B120xyl、C96xyl、C97xyl、C98xyl；БВФСПбГУ-СПб：4，Мд79（xyl 286）、Мд79д（xyl 924）、Мд79д1（xyl 855）、Plg109

音汉清文鉴，ИВР РАН-СПб：1，A10mss

音汉清文鉴，ИВР РАН-СПб：1，B196xyl

音汉清文鉴，ИВР РАН-СПб：3，B32xyl、B210xyl、B240xyl

音汉清文鉴，РНБ-СПб：2，OP.маньжн.с.No.4、OP.маньжн.с.No.6；ИВР РАН-СПб：1，B282xyl

御制满汉蒙古西番合璧阿礼嘎礼，БВФСПбГУ-СПб：1，Plg90（xyl Q734）

御制满蒙文鉴，БВФСПбГУ-СПб：2，Мд68、Мд68д

御制满蒙文鉴，РНБ-СПб：2，OP.Дорн 685、ОЛСАА.маньж5-4；ИВР РАН-СПб：2，C18xyl、C19xyl

御制满洲蒙古汉字三合切音清文鉴，ИВР РАН-СПб：2，C88xyl；C89xyl；БВФСПбГУ-СПб：2，Мд76（xyl 76）、Мд175（dbl xyl 76）

御制清文鉴，БВФСПбГУ-СПб：2，Мд55、Мд55д；ИВР РАН-СПб：8，C48xyl、C54xyl、C53xyl、C57xyl、C58xyl、C44xyl、C225xyl、C277xyl；РГБ-М：1，MAH161；БИГУ-И：1，инв.5585

御制清文鉴，ИВР РАН-СПб：1，C28xyl

御制四体清文鉴，ИВР РАН-СПб：1，C111xyl、B269xyl；РНБ-СПб：1，OP. Дорн 685

御制增订清文鉴，БВФСПбГУ-СПб：6，Мд69（xyl 31）、Мд69д（xyl 939/L2）、Мд69д1（xyl F9）、Мд69д2（V.U.194）、Мд69д3、Мд69д4；ИВР РАН-СПб：22，C87xyl、C190xyl、C191xyl、C30xyl、C206xyl、C202xyl、C207xyl、C189xyl、C204xyl、C203xyl、B50xyl、C46axyl、B51xyl、C208xyl、C217xyl、C258xyl、C205xyl、C188xyl、C275xyl、B49xyl、C45xyl；РНБ-СПб：1，ОЛСАА.маньж5-4；БИГУ-И：1，инв. 5574-76

御制增订清文鉴，ИВР РАН-СПб：1，A12mss

二、史部

（一）正史类

金 史，ИВР РАН-СПб：4，C25xyl、C22xyl、C23xyl、C24xyl；БВФСПбГУ-СПб：2，Мд173（xyl F96）、Мд173д（xyl 147）

辽金元三史国语解，РНБ-СПб：1，OP.маньж.н.с.No.18

辽史，БВФСПбГУ-СПб：1，Мд172（xyl F95）；ИВР РАН-СПб：2，C124xyl、C125xyl

元史，ИВР РАН-СПб：3，C143xyl、C144xyl、C145xyl；БВФСПбГУ-СПб：1，Мд171

（二）编年类

大清太祖高皇帝本籍，ИВР РАН-СПб：2，A88mss、A100mss

纲鉴会纂，ИВР РАН-СПб：6，C162xyl、C163xyl、C164xyl、C216xyl、C295xyl、C296xyl

通鉴辑要，ИВР РАН-СПб：2，B260xyl、B254xyl；РНБ-СПб：ОЛСАА.мандж5-6；

御制资治通鉴纲目，РНБ-СПб：3，ОР.Дорн 675、ОР.Дорн 676、ОР.Дорн 677；ИВР РАН-СПб：15，C193xyl、C42xyl、C40xyl、C196xyl、C41xyl、C43xyl、C195xyl、C229xyl、C223xyl、C209xyl、C160xyl、C270xyl、C224xyl、C159xyl、C269xyl；БВФСПбГУ-СПб：6，Мд3（xyl32/А7）、Мд3b（V.U.80-82）、Мд3g（Ln.20）、Мд3d（xyl 2104）、Мд3e（Xyl 2105）、Мд3z（xyl F35）；БИГУ-И：1，инв. 5567；НБИГОМ-И：1，инв. 55578-79；СОРАН-НСб：8，MI316（MI552）、MI317（MI1022）、MI318（MI1023）、MI319（MI1024）、MI320（MI1025）、MI321（MI1026）、MI322（MI1027）、MI323（MI1028）、MI324（MI1029）、MI325（MI224a）

（三）纪事本末类

皇清开国方略，ИВР РАН-СПб：3，C44xyl、C157xyl、C218xyl；РНБ-СПб：1，ОР.Дорн 678；БВФСПбГУ-СПб：1，Мд243（xyl F14）

平定两金川方略，БВФСПбГУ-СПб：1，Мд220（xyl Q2293）；ИВР РАН-СПб：1，C4xyl（C199xyl）

平定准噶尔方略，РНБ-СПб：3，ОР.Дорн 679、ОР.Дорн 680、ОР.Дорн 681；БВФСПбГУ-СПб：2，Мд168、Мд168д

亲征平定朔漠方略，ИВР РАН-СПб：6，C32xyl、C31xyl、C26xyl、C27xyl、C220xyl；БИГУ-И：2，инв. 5568、инв. 5569

御制平定朔漠方略，БВФСПбГУ-СПб：5，Мд21（xyl 836）、Мд21д、Мд21д1（dbl xyl 836）、Мд21д2（V.U. 83）、Plg11（xyl 368）

（四）杂史类

太宗皇帝大破明师于松山之战书事文，БВФСПбГУ-СПб：1，Мд103（xyl 864）；ИВР РАН-СПб：2，B108xyl、B109xyl

太祖皇帝大破明师于萨尔浒山之战书事文，ИВР РАН-СПб：1，B182xyl

（五）诏令奏议类

表忠录，ИВР РАН-СПб：1，А 115mss

大清高宗纯皇帝圣训，ИВР РАН-СПб：1，С2xyl；БВФСПбГУ-СПб：1，Мд6

大清仁宗睿皇帝圣训，ИВР РАН-СПб：1，С137xyl；БВФСПбГУ-СПб：3，Мд176、Мд176д、Мд176д1

大清圣祖仁皇帝圣训，ИВР РАН-СПб：4，С200xyl、С272xyl、С277xyl、С266xyl；БИГУ-И：1，инв. 5571

大清太宗文皇帝圣训，ИВР РАН-СПб：1，АС9mss

大清太宗文皇帝圣训，ИВР РАН-СПб：1，С275xyl

大清太祖高皇帝圣训，ИВР РАН-СПб：1，С276xyl

清文明洪武要训，ИВР РАН-СПб：2，С151xyl、С152xyl；БВФСПбГУ-СПб：1，Мд247、Мд206；РНБ-СПб，1，ОР.Дорн 662

清文五朝圣训，ИВР РАН-СПб：1，С192xyl；БВФСПбГУ-СПб：4，Мд7（Xyl 44/А. 63）、Мд7д、Мд7д1、Мд251、Мд206；РНБ-СПб，1，ОР.Дорн 663-667

上谕八旗，ИВР РАН-СПб：8，В248xyl、С279xyl、С278xyl、С284xyl、С230xyl、В233xyl、В90xyl、В91xyl；РНБ-СПб：1，ОР.Дорн 678；БВФСПбГУ-СПб：3，Мд1（xyl 26/А.11）、Мд1а、Мд1b（dbl xyl 26）、Мд133（xyl 1698）

上谕旗务议覆，БВФСПбГУ-СПб：5，Мд31（xyl 955）、Мд31д（dbl 955）、Мд38、Мд2（xyl26/А11）、Мд2а；ИВР РАН-СПб：3，В91xyl、В92xyl、В93xyl、С282xyl

圣祖仁皇帝庭训格言，БВФСПбГУ-СПб：3，Мд17（xyl75）、Мд17д、Мд17д1（V.U.84）；ИВР РАН-СПб：3，С14xyl、С46xyl、С50xyl

谕行旗务奏议，БВФСПбГУ-СПб：5，Мд31（xyl 955）、Мд31д（dbl 955）、Мд38、Мд2（xyl26/А11）、Мд2а；ИВР РАН-СПб：1，С281xyl

（六）传记类

八旗满洲氏族通谱，ИВР РАН-СПб：1，B254xyl；БВФСПбГУ-СПб：2，Мд22（xyl 837）、Мд22д

钦定外藩蒙古回部王公表传，БВФСПбГУ-СПб：1，Мд51（xyl F16）；ИВР РАН-СПб：1，C153xyl

钦定续纂外藩蒙古回部王公表传，БВФСПбГУ-СПб：3，Мд219（xyl 816）、Мд219д1、Мд219д2

宗室王公功绩表传，БВФСПбГУ-СПб：2，Мд53（xyl F15）、Мд53д

（七）地理类

钦定满洲源流考，БВФСПбГУ-СПб：Мд46（Zach 11）

异域录，БВФСПбГУ-СПб：5，Мд170、Мд179（xyl 60/A.83a）、Мд180、Мд178（xyl 374）、Мд26（xyl 842）；ИВР РАН-СПб：3，C232xyl、C93xyl、C94xyl；РНБ-СПб：1，OP.Дорн 683

异域录，ИВР РАН-СПб：1，A17mss

御制大清一统志，ИВР РАН-СПб：1，A48mss

御制大清一统志，ИВР РАН-СПб：1，A123mss

御制大清一统志，ИВР РАН-СПб：1，A118mss

御制清凉山新志，ИВР РАН-СПб：2，B244xyl、B245xyl；БВФСПбГУ-СПб：2，Мд33（xyl 1112）、Мд33д

（八）职官类

吏治辑要，БВФСПбГУ-СПб：1，Мд106（xyl 960/L.27）

吏治辑要，БВФСПбГУ-СПб：1，Мд155（xyl 1648）

吏治辑要，ИВР РАН-СПб：1，B138xyl；БВФСПбГУ-СПб：10，Мд106д（xyl 866）、Мд106д1（V.U.6a）、Мд106д2（V.U.6a1 dbl）、Мд106д3（V.U.6a2 dbl）、Мд106д4（V.U.6a3 dbl）、Мд106д5（V.U.6a4 dbl）、Мд106д6（V.U.6a5 dbl）、Мд106д7（V.U.6a6 dbl）、Мд106д8（V.U.6a7 dbl）、Мд106д9（V.U.6a8 dbl）

钦定增修中枢政考，ИВР РАН-СПб：1，B163xyl；БВФСПбГУ-СПб：1，

Мд16（xyl 74/V.25）；БИГУ-И：1，инв. 5573

钦定增修中枢政考，ИВР РАН-СПб：1，C228xyl

钦定中枢政考，БВФСПбГУ-СПб：2，Мд32д1、Мд32д2；БИГУ-И：1，инв. 5573

钦定中枢政考，ИВР РАН-СПб：2，B129xyl、B130xyl；БВФСПбГУ-СПб：2，Мд32（xyl 1026）、Мд32д

三合吏治辑要，ИВР РАН-СПб：1，B85xyl；РНБ-СПб：1，ОЛСАА.мандж4-8；БВФСПбГУ-СПб：2，Мд146（V.3/Chr.4）、Plg123；СОРАН-НСб：2，MI504（MI979）、MI596（MI901）

御制人臣儆心录，ИВР РАН-СПб：3，A7xyl、A7дубл、A8xyl

（九）政书类

1. 通制

大清会典，ИВР РАН-СПб：2，C131xyl、C132xyl

大清律例，БВФСПбГУ-СПб：1，Мд181（V.U.87）

大 清 律 例，БИГУ-И：1，инв. 5570；БВФСПбГУ-СПб：1，Мд181（V.U.87）；ИВР РАН-СПб：1，C5xyl

督捕则例，БВФСПбГУ-СПб：1，Мд159

蒙古律例，БВФСПбГУ-СПб：1，Мд169

钦定八旗则例，ИВР РАН-СПб：2，C101xyl、C102xyl

钦 定 兵 部 则 例，ИВР РАН-СПб：4，B125xyl、B126xyl、B276xyl、C54xyl

钦定大清会典，ИВР РАН-СПб：1，C131xyl；БВФСПбГУ-СПб：1，Мд9（xyl 47）；БИГУ-И：1，инв. 55933

钦 定 大 清 会 典 则 例，БВФСПбГУ-СПб：3，Мд10（xyl 48/A66）、Мд10д、Мд10д1（xyl F94）；ИВР РАН-СПб：2，C130xyl、C222xyl；РНБ-СПб：ОЛСАА.мандж5-9

钦定回疆则例，БВФСПбГУ-СПб：1，Мд26（xyl 842）

钦定军器则例，БВФСПбГУ-СПб：1，Мд267

钦定理藩院则例，ИВР РАН-СПб：1，A38mss

钦定理藩院则例，ИВР РАН-СПб：1，A64mss

钦定理藩院则例，ИВР РАН-СПб：1，B75xyl；БВФСПбГУ-СПб：3，Мд34（xyl 468）、Мд43、Мд44；НБИГОМ-И：2，инв. 54839-60、инв. 54861-907

清文回疆则例，ИВР РАН-СПб，B80xyl

刑部新定现行例，ИВР РАН-СПб：1，C146xyl

2. 典礼

满洲祭祀条例，ИВР РАН-СПб：2，B1mss、B91mss

钦定满洲祭神祭天典礼，ИВР РАН-СПб：4，C70xyl、C71xyl、C72xyl、B254xyl；БВФСПбГУ-СПб：4，Мд8（xyl 46）、Мд8д（dbl xyl 46）、Мд8д1、Мд8д2；БИГУ-И：1，инв. 5572；РНБ-СПб：1，ОР.Дорн 661

3. 军政

八旗通志，ИВР РАН-СПб：1，B43mss

八旗通志初集，РНБ-СПб：1，ОР.Дорн 682；БВФСПбГУ-СПб：1，Мд208；БИГУ-И：1，инв. 5566；ИВР РАН-СПб：1，C1xyl

4. 法令

钦定兵部处分则例，БВФСПбГУ-СПб：1，Мд25（xyl841）；БИГУ-И：1，инв. 5573

钦定兵部绿营事务则例，БВФСПбГУ-СПб：1，Мд24（xyl 840）；БИГУ-И：1，инв. 5573

钦定大清律例，ИВР РАН-СПб：1，C5xyl

御制大清律集解附例，ИВР РАН-СПб：1，C33xyl

御制大清律，ИВР РАН-СПб：1，C149xyl

（十）史评类

读史论略，БВФСПбГУ-СПб：12，Мд104（xyl 865）、Мд104д1（xyl 1635）、Мд104д2（V.U.2a）、Мд104д3（V.U.2a1/Db1）、Мд104д4（V.U.2a2/

Db1）、Мд104д5（V.U.2a3/Db1）、Мд104д6（V.U.2a4/Db1）、Мд104д7（V.U.2a5/
Db1）、Мд104д8（V.U.2a6/Db1）、Мд104д9（V.U.2a7/Db1）、Мд104д10
（V.U.101）、Мд104д11（xyl 1322）

三、子部

（一）儒家类

二十四孝，ИВР РАН-СПб：1，A33mss

二十四孝，РНБ-СПб：1，ОР.Дорн 739；ИВР РАН-СПб：1，B160xyl

二十四孝诗，ИВР РАН-СПб：1，A33mss

翻译大学衍义，БВФСПбГУ-СПб：2，Мд227、Мд227д；РНБ-СПб：
ОР.Дорн 674；ИВР РАН-СПб：1，C140xyl

翻译弟子规，БВФСПбГУ-СПб：1，Мд158（xyl 1650）；ИВР РАН-
СПб：1，B187xyl

翻译小学，БВФСПбГУ-СПб：1，Мд128（xyl 1633）

翻译醒世要言，БВФСПбГУ-СПб：2，Мд134（xyl 1699）；Plg100
（V.U.99）

翻译忠孝二经，БВФСПбГУ-СПб：1，Мд158（xyl 1651）

满汉合璧名贤集，ИВР РАН-СПб：1，A14xyl

满汉合璧三字经注解，БВФСПбГУ-СПб：4，Мд141д（xyl 290/V.114）、
Мд141д1（xyl 951v/L.15/L.15v）、Мд141д2（V.U.102）、Plg17（xyl
896）；ИВР РАН-СПб：4，B40xyl、B41xyl、B42xyl、B43xyl

满汉合璧三字经注解，ИВР РАН-СПб：2，B38xyl、B39xyl

满汉合璧性理，РНБ-СПб：1，ОР.мандж.4-7

满汉合璧幼学须知，ИВР РАН-СПб：1，B206xyl

满汉合璧朱子节要，ИВР РАН-СПб：3，B81xyl、B82xyl、B212xyl

满蒙合璧三字经，ИВР РАН-СПб：1，A34mss

满蒙合璧三字经注解，ИВР РАН-СПб：1，B253xyl

满蒙合璧三字经注解，ИВР РАН-СПб：1，B44xyl；БВФСПбГУ-СПб：

1，Мд141（Xyl 915a/Ln.13/L.15a）

满蒙合璧三字经注解，ИВР РАН-СПб：12，B35xyl、B46xyl、B181xyl、B229xyl、C105xyl、C106xyl、C107xyl、C108xyl、C114xyl、C198xyl、C227xyl、C233xyl；РНБ-СПб：2，ОЛСАА.мандж5-5、ОЛСАА.мандж5-7；БВФСПбГУ-СПб：4，Мд109（xyl884）、Мд109д（V.U.103）、Мд109д2（xyl1027）、Мд109д3

满汉三字经，ИВР РАН-СПб：1，A16xyl；БВФСПбГУ-СПб：1，Plg22（xyl 1054）

满汉三字经，ИВР РАН-СПб：2，B45xyl、A17xyl

满汉合璧忠经，ИВР РАН-СПб：1，B159xyl

内则衍义，БВФСПбГУ-СПб：2，Мд160（xyl F93）、Мд160д；ИВР РАН-СПб：2，C126xyl、C136xyl

七训须读，БВФСПбГУ-СПб：2，Мд116（xyl 116）、Мд116д（xyl 2107/V.U.105）；ИВР РАН-СПб：1，B155xyl

七训须读，ИВР РАН-СПб：1，A101mss

七训须读，ИВР РАН-СПб：1，B156xyl

清字孔子家语，БВФСПбГУ-СПб：1，Мд196（U.E.534）

日知荟说，БВФСПбГУ-СПб：1，Мд201（xyl 1092/Chr.No.33）

三合名贤集，БВФСПбГУ-СПб：1，Plg128

三合名贤集，ИВР РАН-СПб：1，B54mss

三合圣谕广训，ИВР РАН-СПб：B1xyl

三字经，ИВР РАН-СПб：1，B285xyl

圣谕广训，БВФСПбГУ-СПб：2，Мд190（xyl 1695）；Plg124

圣谕广训，ИВР РАН-СПб：1，A126mss

圣谕广训，ИВР РАН-СПб：2，B141xyl、C142xyl；БВФСПбГУ-СПб：3，Мд242（xyl F39）、Мд242д（dbl xyl F39）、Мд242д1（xyl F38）；БИГУ-И：1，инв. 5571；СОРАН-НСб：2，MI502（MI954）、MI504（MI957）

圣谕广训，ИВР РАН-СПб：2，B98xyl、B100xyl

圣谕广训，ИВР РАН-СПб：7，B99xyl、C231xyl、B102xyl、B101xyl、B271xyl、B268xyl、C121xyl；БВФСПбГУ-СПб：11，Мд120（Vas.No.3）、Мд120д（Vas.No.3 ex1）、Мд120д1（Vas.No.3 ex2）、Мд120д2（Vas.No.3 ex3）、Мд120д3（Vas.No.3 ex4）、Мд120д4（Vas.No.3 ex5）、Мд120д5（Vas.No.3 ex6）、Мд120д6（Vas.No.3 ex7）、Мд120д7（Vas.No.3 ex8）、Мд120д8（Vas.No.3 ex9）、Мд120д9（Vas.No.3 ex10）

四本简要全编，ИВР РАН-СПб：1，B149xyl

王中书劝孝八反歌，БВФСПбГУ-СПб：1，Мд132（Mong V36）；ИВР РАН-СПб：1，B170xyl

小儿语，ИВР РАН-СПб：1，B116xyl；БВФСПбГУ-СПб：1，Мд156（xyl 1649）

小学·卷二，ИВР РАН-СПб：1，C18mss

小学合解，РНБ-СПб：1，ОР.маньжн.с.No.3；БВФСПбГУ-СПб：3，Мд5（xyl 37/A.32）、Мд5д1（dbl xyl 37）、Мд5д2（dbl xyl 37）

小学·忠经，БВФСПбГУ-СПб：1，Мд110（xyl 923/U.E.536）

醒世要言，БВФСПбГУ-СПб：1，Plg101（V.U.100）

醒世要言·女儿经，БВФСПбГУ-СПб，1，Plg101（V.U.100）

薛文清先生要语，ИВР РАН-СПб：2，B122xyl、B123xyl

庸言知旨，БВФСПбГУ-СПб：2，Мд98（xyl 856）、Мд98д（xyl 963/Ld.30）

幼学须知，ИВР РАН-СПб：1，C127xyl

御制朋党论，ИВР РАН-СПб：1，B228xyl

御制劝善要言，РНБ-СПб：1，ОР.мандж.5-2；БВФСПбГУ-СПб：1，Мд119（V.U.119）；ИВР РАН-СПб：3，B172xyl、C21xyl、C128xyl

御制三角形论，ИВР РАН-СПб：1，B288xyl

御制资政要览，ИВР РАН-СПб：2，C99xyl、C100xyl；БВФСПбГУ-СПб：1，Мд161（V.U.119）

御纂性理精义，ИВР РАН-СПб：6，C59xyl、C60xyl、C61xyl、C62xyl、

C63xyl、C64xyl；БВФСПбГУ-СПб：5，Мд30（xyl 850）、Мд30д（xyl F37）、Мд30д1（xyl 1700）、Мд30д2、Мд30д3

朱文公家训，ИВР РАН-СПб：1，B191xyl；БВФСПбГУ-СПб：2，Мд112（V.U.235）、Мд112д

朱子节要，ИВР РАН-СПб：1，B44mss

（二）道家类

翻译六事箴言，НБИГОМ-И：1，инв. 55885-8；БВФСПбГУ-СПб：1，Мд150（xyl 1629）

关圣帝君觉世宝训，ИВР РАН-СПб：1，B176xyl

关圣帝君觉世宝训经，БВФСПбГУ-СПб：1，Мд199（V.33）

满汉道德经，ИВР РАН-СПб：1，A4mss

太上感应篇，ИВР РАН-СПб：4，B134xyl、B135xyl、B136xyl、B137xyl

太上感应篇，РНБ-СПб：1，ОР.Ф.550 ОСРК Р.Ш.5

（三）兵家类

翻译孙子兵法，БВФСПбГУ-СПб：1，Мд133（xyl 1698）

黄石公素书，ИВР РАН-СПб：1，B57mss

清字孙子兵法十三篇，ИВР РАН-СПб：B131xyl

孙子十三篇，ИВР РАН-СПб：1，B90mss

（四）术数类

许真君玉匣记，БВФСПбГУ-СПб：1，Мд249（Zach 6）

御制星历考原，ИВР РАН-СПб：1，B89mss

（五）天文算法类

大清道光八年时宪书，БВФСПбГУ-СПб：1，Мд63（V.U.89）

大清道光十二年时宪书，БВФСПбГУ-СПб：1，Мд166（V.U.91）

大清道光十四年时宪书，БВФСПбГУ-СПб：1，Мд165（V.U.92）

大清道光十五年乙未时宪书，ИВР РАН-СПб：1，C165xyl

大清道光十一年七政经纬躔，БВФСПбГУ-СПб：1，Мд164（xyl 95）

大清道光十一年时宪书，БВФСПбГУ-СПб：1，Мд167（xyl 96）；ИВР РАН-СПб：1，С165xyl

大清乾隆二年二月十六日乙申戌望月食图，ИВР РАН-СПб：1，С174xyl

大清乾隆六年时宪书，ИВР РАН-СПб：1，С185xyl

大清乾隆三年戊午时宪书，ИВР РАН-СПб：1，С186xyl

大清光绪九年时宪书，БВФСПбГУ-СПб：1，Мд162（xyl 2255）

大清康熙六十一年时宪书，ИВР РАН-СПб：1，С167xyl

大清雍正十三年时宪书，ИВР РАН-СПб：1，С166xyl

道光三年癸末十二月十六日庚戌望月食图，ИВР РАН-СПб：1，С175xyl

道光十年庚寅七月十七日壬申望月食图，БВФСПбГУ-СПб：1，Мд78（xyl 99）

道光五年十月十七日庚午望月食图，БВФСПбГУ-СПб：1，Мд77（xyl 98）

乾隆二年丁巳时宪书，ИВР РАН-СПб：1，С187xyl

乾隆十八年三月十五日辛末朔月食图，ИВР РАН-СПб：1，С173xyl

乾隆十六年五月初一日乙丁酉朔月食图，ИВР РАН-СПб：1，С172xyl

嘉庆二十二年十月初一日辛末朔日食图，БВФСПбГУ-СПб：1，Мд37（xyl 1010）

嘉庆二十二年四月初一日甲戌朔日食图，ИВР РАН-СПб：1，С180xyl

嘉庆二十四年八月十五日甲辰望月食图，ИВР РАН-СПб：1，С179xyl

嘉庆二十四年三月十六日戊甲申望月食图，РНБ-СПб：1，ОР.Дорн 684

嘉庆二十五年二月二十七日癸卯望月食图，ИВР РАН-СПб：1，С176xyl

嘉庆二十一年十月十七日壬辰望月食图，ИВР РАН-СПб：1，С181xyl

嘉庆十九年甲戌六月初一日庚申朔日食图，ИВР РАН-СПб：1，

C177xyl

雍正八年六月初一日戊戌朔日食图，ИВР РАН-СПб：1，C169xyl

雍正八年六月十五日壬子望月食图，ИВР РАН-СПб：1，C170xyl

雍正十年五月十六日壬申望月食图，ИВР РАН-СПб：1，C171xyl

雍正十三年三月十五日乙酉望月食图，ИВР РАН-СПб：1，C178xyl

（六）杂家类

百二老人语录，ИВР РАН-СПб：1，B15mss

百二老人语录，ИВР РАН-СПб：1，C51mss

百二老人语录，ИВР РАН-СПб：1，C52mss

联珠集，ИВР РАН-СПб：1，B189xyl

联珠集，ИВР РАН-СПб：1，B272xyl

满汉合璧菜根谭，ИВР РАН-СПб：1，B286xyl

满汉合璧格言辑要，ИВР РАН-СПб：1，C83xyl；БВФСПбГУ-СПб：1，Мд87（xyl 420）

满汉联珠集，ИВР РАН-СПб：1，A74mss

满汉潘氏总论，ИВР РАН-СПб：1，B286xyl

（七）医家类

格体全录，БВФСПбГУ-СПб：1，Мд186（xyl 1642）

格体全录，ИВР РАН-СПб：1，B39mss

寿世保元，ИВР РАН-СПб：1，B78mss

（八）释家类

般若波罗蜜多心经，ИВР РАН-СПб：1，B50mss

地藏菩萨本愿经，ИВР РАН-СПб：1，C103xyl；БВФСПбГУ-СПб：1，Мд138（xyl 2097）

佛说阿弥陀经，ИВР РАН-СПб：1，B50mss

佛说阿弥陀经·心经，ИВР РАН-СПб：1，B190xyl；БВФСПбГУ-СПб：1，Мд135（xyl 1704）

佛说四十二章经，ИВР РАН-СПб：1，C26mss

佛说四十二章经，БВФСПбГУ-СПб：1，Plg71（xyl Q 443）

皈依经，ИВР РАН-СПб：1，C243xyl

九黑香法，БВФСПбГУ-СПб：1，Мд262（V.U.93）-B68（Manchu 42）

救度佛母赞，БВФСПбГУ-СПб：1，Мд262（V.U.93）-B70（Manchu 51）

绿像救度佛母赞，БВФСПбГУ-СПб：1，Мд262（V.U.93）-B61
（Manchu 15）

满蒙汉合璧翻译明心宝鉴，БВФСПбГУ-СПб：1，Plg 135

六祖法宝坛经，ИВР РАН-СПб：1，B194xyl

摩诃般若波罗蜜多心经，БВФСПбГУ-СПб：1，Plg72（xyl Q444）

乾隆御制摧碎金刚经，ИВР РАН-СПб：1，C241xyl；БВФСПбГУ-
СПб：1，Мд262（V.U.93）-B61/B62（Manchu 18）

乾隆御制大乘持斋，ИВР РАН-СПб：1，C255xyl；БВФСПбГУ-СПб：1，
Мд262（V.U.93）-B64（Manchu 27）

乾隆御制大乘因缘经，ИВР РАН-СПб：1，C245xyl；БВФСПбГУ-
СПб：1，Мд262（V.U.93）-B64（Manchu 28）

乾隆御制读咒法，ИВР РАН-СПб：1，C236xyl；БВФСПбГУ-СПб：1，
Мд262（V.U.93）-B8/B62

乾隆御制功德三世祈祷文，ИВР РАН-СПб：1，C264xyl；
БВФСПбГУ-СПб：1，Мд262（V.U.93）-B58（Manchu 7）

乾隆御制火供经，ИВР РАН-СПб：C265xyl；БВФСПбГУ-СПб：1，
Мд262（V.U.93）-B67（Manchu 38）

乾隆御制积光佛母经咒，ИВР РАН-СПб：1，C257xyl；БВФСПбГУ-
СПб：1，Мд262（V.U.93）-B71（Manchu 53）

乾隆御制极乐世界愿文经，ИВР РАН-СПб：1，C244xyl

乾隆御制金刚般若波罗蜜多经，ИВР РАН-СПб：1，C239xyl

乾隆御制弥勒愿文，ИВР РАН-СПб：1，C249xyl；БВФСПбГУ-СПб：1，
Мд262（V.U.93）-B60（Manchu 12）

乾隆御制菩提要义，ИВР РАН-СПб：1，C238xyl；БВФСПбГУ-СПб：2，

Мд262（V.U.93）-B58（Manchu 6）、Мд262д（V.U.94）

乾隆御制普贤行愿品经，ИВР РАН-СПб：1，С240xyl；БВФСПбГУ-СПб：1，Мд262（V.U.93）-B70（Manchu 50）

乾隆御制清净经，ИВР РАН-СПб：1，С252xyl

乾隆御制三十五佛经，ИВР РАН-СПб：1，С256xyl；БВФСПбГУ-СПб：1，Мд263（V.U.95）-B59（Manchu 8）

乾隆御制三世吉祥愿文经，ИВР РАН-СПб：1，С259xyl

乾隆御制释迦佛赞，ИВР РАН-СПб：1，С247xyl；БВФСПбГУ-СПб：1，Мд262（V.U.93）-B61（Manchu 16）

乾隆御制释迦牟尼佛赞摄援要律，ИВР РАН-СПб：1，С246xyl

乾隆御制文殊师利赞，ИВР РАН-СПб：1，С251xyl；БВФСПбГУ-СПб：1，Мд262（V.U.93）-B13/B69（Manchu 46）

乾隆御制无量寿佛回向文，ИВР РАН-СПб：1，С266xyl；БВФСПбГУ-СПб：1，Мд262（V.U.93）-B69/S23

乾隆御制无量寿佛面前观想经，ИВР РАН-СПб：1，С258xyl；БВФСПбГУ-СПб：1，Мд262（V.U.93）-B59（Manchu 9）

乾隆御制无量寿佛自身观想经，ИВР РАН-СПб：1，С260xyl；БВФСПбГУ-СПб：1，Мд262（V.U.93）-B69（Manchu 47）

乾隆御制无量寿经传宗祈祷，ИВР РАН-СПб：1，С262xyl；БВФСПбГУ-СПб：1，Мд262（V.U.93）-B59（Manchu 10）

乾隆御制真实名经，ИВР РАН-СПб：1，С248xyl

乾隆御制重译金刚经，ИВР РАН-СПб：1，С250xyl；БВФСПбГУ-СПб：1，Plg2（xyl 24/A.9）

乾隆御制宗喀巴祝文，ИВР РАН-СПб：1，С246xyl；БВФСПбГУ-СПб：1，Мд263（V.U.95）-B63（Manchu 22）

乾隆御制尊圣佛母，ИВР РАН-СПб：1，С253xyl；БВФСПбГУ-СПб：1，Мд262（V.U.93）-B65（Manchu 31）

三分巴令经，БВФСПбГУ-СПб：1，Мд262（V.U.93）-B58（Manchu 5）

师子峰如如颜丙劝修净业文，ИВР РАН-СПб：1，B180xyl

十六罗汉经，БВФСПбГУ-СПб：1，Мд262（V.U.93）-B4

释迦牟尼佛赞摄授要津，БВФСПбГУ-СПб：1，Мд262（V.U.93）-B60
（Manchu 13）

首楞严经，ИВР РАН-СПб：1，A35mss

首楞严经，ИВР РАН-СПб：1，A76mss

水 供 经，ИВР РАН-СПб：1，C237xyl；БВФСПбГУ-СПб：1，Мд262
（V.U.93）-B65

文殊赞，БВФСПбГУ-СПб：1，Мд262（V.U.93）-B13/B69（Manchu 46）

无量寿佛吉祥偈，ИВР РАН-СПб：1，C261xyl；БВФСПбГУ-СПб：1，
Мд262（V.U.93）-B62（Manchu 19）

无量寿佛赞，БВФСПбГУ-СПб：1，Мд262（V.U.93）-B68（Manchu 43）

贤劫千佛号，БВФСПбГУ-СПб：1，Мд71（xyl 142）；ИВР РАН-СПб：1，
C104xyl

学修十八个要项，ИВР РАН-СПб：1，B274xyl；БВФСПбГУ-СПб：1，
Мд65；РНБ-СПб，2，ОР.Дорн 850、ОР.Дорн 851

衍教经，ИВР РАН-СПб：1，C235xyl；БВФСПбГУ-СПб：1，Мд262
（V.U.93）-B70（Manchu 49）

药师琉璃光王佛经，БВФСПбГУ-СПб：1，Мд262（V.U.93）-B14

御制大云轮请雨经，БВФСПбГУ-СПб：1，Plg73（xyl Q 445）

御制重译金刚经，РНБ-СПб：1，ОР.Дорн 660

御制四体合璧翻译名义集考证，ИВР РАН-СПб：1，C184xyl

（九）基督教类

福音，ИВР РАН-СПб：1，B171xyl

基督新约圣书，БИГУ-И：1，инв. 626pyk

吾主基督新约圣书，БИГУ-И：1，инв. 21668

吾主耶稣基督新约圣书：马太传福音书，РНБ-СПб：1，ОР.маньжн.
c.No.10

四、集部

（一）总集类

清文古文渊鉴，ИВР РАН-СПб：1，B51mss

翻译古文，ИВР РАН-СПб：2，C197xyl、B247xyl

御制古文渊鉴，ИВР РАН-СПб：1，C13xyl、C11xyl；БВФСПбГУ-СПб：3，Мд11（xyl 55）、Мд11д、Мд11д1（xyl 2106）；НБИГОМ-И：1，инв. 54597-619；БИГУ-И：1，инв. 5565

（二）别集类

御制避暑山庄诗，РНБ-СПб：ОЛСАА.мандж4-6；БВФСПбГУ-СПб：1，Мд27（xyl 845）；ИВР РАН-СПб：4，B105xyl、B103xyl、B104xyl、B213xyl

御制全韵诗，ИВР РАН-СПб：1，A60mss

御制全韵诗注选，ИВР РАН-СПб：1，A19mss

御制盛京赋，БВФСПбГУ-СПб：1，Мд215（xyl 2294）、Мд216（xyl 846/Chr.10）；РНБ-СПб：1，ОЛСАА.мандж5-1；ИВР РАН-СПб：4，C122xyl、C123xyl、C113xyl、C112xyl

忠贞范公文集，БВФСПбГУ-СПб：1，Мд23（xyl 839）；ИВР РАН-СПб：2，C85xyl、C86xyl

（三）词曲类

合璧西厢记，ИВР РАН-СПб：1，A4xyl

精译六才子词，ИВР РАН-СПб：1，B119xyl

满汉西厢记，РНБ-СПб：1，OP.маньжн.с.No.8；БВФСПбГУ-СПб：1，Мд115（Vas.1/V.U.235/V.U.146）；ИВР РАН-СПб：1，B117xyl

西厢记，БВФСПбГУ-СПб：3，Мд29（xyl 849）、V.U. 236（auf H.）、Мд266

西厢记，ИВР РАН-СПб：1，B241xyl

修订西厢记，ИВР РАН-СПб：1，B118xyl

（四）小说类

东汉演义，ИВР РАН-СПб：1，A77mss

合璧聊斋志异，ИВР РАН-СПб：2，C289xyl、B246xyl；БВФСПбГУ-СПб：1，Мд148（Chr.46）；РНБ-СПб：1，ОЛСАА.мандж4-4

金瓶梅，ИВР РАН-СПб：1，B64mss

金　瓶　梅，ИВР РАН-СПб：5，B143xyl、B142xyl、B144xyl、B145xyl、B146xyl；НБИГОМ-И：1，инв. 54659-706；БВФСПбГУ-СПб：4，Мд147（xyl 847）、Мд147д（Vas.86）、Мд147д1（V.U.218）、Мд147д2

列国志传，ИВР РАН-СПб：1，A42mss

列国志传，ИВР РАН-СПб：1，A57mss

列国志传，ИВР РАН-СПб：1，A7mss

列国志传，ИВР РАН-СПб：1，B17mss

列国志传，ИВР РАН-СПб：1，B59mss

列国志传，ИВР РАН-СПб：1，C50mss

麟儿报，ИВР РАН-СПб：1，A58mss

平山冷燕，ИВР РАН-СПб：1，A94mss

三　国　志，ИВР РАН-СПб：5，C135xyl、C139xyl、B36xyl、B14xyl、B195xyl；БВФСПбГУ-СПб：2，Мд86（xyl 381）、Мд86д（V.U.98）；РНБ-СПб：1，ОР.маньжн.с.No.11；НБИГОМ-И：2，инв. 53759-82、инв. 54597-619

三国志通俗演义，ИВР РАН-СПб：1，A44mss

水浒传，ИВР РАН-СПб：1，A64mss

水浒传，ИВР РАН-СПб：1，A67mss

水浒传，ИВР РАН-СПб：1，B21mss

唐人说荟，БВФСПбГУ-СПб：1，Мд177（xyl 1093/Chr.34）

西汉通俗演义，БВФСПбГУ-СПб：1，Мд60（xyl 384）

西汉通俗演义，ИВР РАН-СПб：2，A44mss、A79mss

西游记，ИВР РАН-СПб：1，A150mss

西游记，ИВР РАН-СПб：1，A61mss

西游记，ИВР РАН-СПб：1，A63mss

西游记，ИВР РАН-СПб：1，A72mss

玉娇梨，ИВР РАН-СПб：1，A158mss

玉娇梨小传，БВФСПбГУ-СПб：1，Мд210（xyl 52）

文献汉文题名索引

B

八旗满洲氏族通谱：二，26，61

八旗通志：二，73，76

八旗通志初集：二，56，71

百二老人语录：三，155，123；三，156，123；三，157，123

般若波罗蜜多心经：三，165，125

表忠录：二，74，76

C

钞本初学指南：一，116，46

初学必读：一，97，41

初学指南：一，34，23

春秋：一，108，44

D

大清道光八年时宪书：三，69，99

大清道光十二年时宪书：三，73，100

大清道光十四年时宪书：三，74，100

大清道光十五年乙未时宪书：三，75，100

大清道光十一年七政经纬躔：三，72，100

大清道光十一年时宪书：三，71，99

大清光绪九年时宪书：三，76，101

大清高宗纯皇帝圣训：二，20，59

大清会典：二，43，67

大清康熙六十一年时宪书：三，48，94

大清律例：二，48，68；二，69，75

大清乾隆二年二月十六日乙申戌望月食图：三，55，95

大清乾隆六年时宪书：三，57，96

大清乾隆三年戊午时宪书：三，56，96

大清全书：一，44，26

大清仁宗睿皇帝圣训：二，21，60

大清圣祖仁皇帝圣训：二，19，59

大清太宗文皇帝圣训：二，18，59；二，64，73

大清太祖高皇帝本籍：二，63，73

大清太祖高皇帝圣训：二，17，58

大清雍正十三年时宪书：三，52，95

大学：一，110，45

道光三年癸未十二月十六日庚戌望月食图：三，67，98

道光十年庚寅七月十七日壬申望月食图：三，70，99

道光五年十月十七日庚午望月食图：三，68，99

地藏菩萨本愿经：三，115，112

东汉演义：四，21，135

督捕则例：二，45，67

读史论略：二，62，73

E

二十四孝：三，23，86；三，140，119

二十四孝诗：三，147，121

F

范忠贞公文集：四，4，130

翻译大学衍义：三，4，80

翻译弟子规：三，36，90

翻译古文：四，2，129

翻译类编：一，59，30

翻译六事箴言：三，44，92

翻译四十条：一，70，33

翻译孙子兵法：三，46，93

翻译小学：三，32，89

翻译醒世要言：三，37，90

翻译忠孝二经：三，33，89

佛说阿弥陀经：三，164，125

佛说阿弥陀经·心经：三，127，115

佛说四十二章经：三，128，115；三，161，124

福音：三，135，118

G

纲鉴会纂：二，5，54

格体全录：三，158，123；三，160，124

关圣帝君觉世宝训：三，43，92

关圣帝君觉世宝训经：三，45，93

皈依经：三，116，112

H

合璧聊斋志异：四，16，133

合璧西厢记：四，8，131

皇清开国方略：二，12，57

黄石公素书：三，150，121

J

基督新约圣书：三，167，126

嘉庆二十二年十月初一日辛未朔日食图：三，63，97

嘉庆二十二年四月初一日甲戌朔日食图：三，62，97

嘉庆二十四年八月十五日甲辰望月食图：三，65，98

嘉庆二十四年三月十六日戊甲申望月食图：三，64，98

嘉庆二十五年二月二十七日癸卯望月食图：三，66，98

嘉庆二十一年十月十七日壬辰望月食图：三，61，97

嘉庆十九年甲戌六月初一日庚申朔日食图：三，60，97

金瓶梅：四，13，132；四，20，135

金史：二，1，53

精译六才子词：四，6，130

九黑香法：三，126，115

救度佛母赞：三，120，113

L

礼记：一，12，16

吏治辑要：二，38，65；二，40，66；二，41，66

联珠集：三，77，101；三，78，101

辽金元三史国语解：二，4，54

辽史：二，2，53

列国志传：四，31，138；四，32，138；四，33，139；四，34，139；四，35，139；四，36，139

麟儿报：四，14，133

六部成语：一，83，37；一，84，37；一，86，38；一，87，38；一，88，38

六祖法宝坛经：三，133，117

论语：一，28，21

绿像救度佛母赞：三，123，114

M

满汉百家姓：一，56，29

满汉成语对待：一，102，43

满汉道德经：三，149，121

满汉合璧菜根谭：三，79，101

满汉合璧格言辑要：三，82，103

满汉合璧集要：一，73，34

满汉合璧名贤集：三，39，91

满汉合璧千字文：一，94，40；一，130，50

满汉合璧三字经注解：三，15，83；三，17，84

满汉合璧训旨：一，105，43；一，106，44

满汉合璧孝经：一，14，17

满汉合璧性理：三，8，81

满汉合璧幼学须知：三，28，87

满汉合璧忠经：三，35，89

满汉合璧朱子节要：三，5，80

满汉合璧字法举一歌：一，37，24

满汉经文成语：一，55，29

满汉类书全集：一，43，25

满汉六部成语：一，85，38

满汉联珠集：三，154，122

满汉潘氏总论：三，80，102

满汉全字十二头：一，51，28

满汉三字经：三，21，85；三，22，86

满汉西厢记：四，7，131

满汉字训旨十则：一，104，43

满汉字清文启蒙：一，30，22；一，32，22；一，115，46

满汉字四书：一，24，20；一，26，20

满蒙汉合璧翻译明心宝鉴：三，129，116

满蒙合璧三字经：三，139，119

满蒙合璧三字经注解：三，16，84；三，18，84；三，19，85

蒙古律例：二，49，69

蒙文指要：一，101，42

蒙文总汇：一，98，41

孟子卷之六朱熹集注告子章句上：一，111，45

孟子：一，112，45

摩诃般若波罗蜜多心经：三，83，103

满洲祭祀条例：二，72，76

N

内则衍义：三，3，80

P

平定两金川方略：二，11，57

平定准噶尔方略：二，10，56

平山冷燕：四，40，140

Q

七训须读：三，24，86；三，25，86；三，145，120

千字文：一，93，40

乾隆二年丁巳时宪书：三，54，95

乾隆十八年三月十五日辛未朔月食图：三，59，96

乾隆十六年五月初一日乙丁酉朔月食图：三，58，96

乾隆御制重译金刚经：三，104，109

乾隆御制摧碎金刚经：三，99，108

乾隆御制大乘持斋：三，86，104

乾隆御制大乘因缘经：三，91，105

乾隆御制读咒法：三，94，106

乾隆御制功德三世祈祷文：三，101，108

乾隆御制火供经：三，100，108

乾隆御制积光佛母经咒：三，89，105

乾隆御制极乐世界愿文经：三，110，111

乾隆御制金刚般若波罗蜜多经：三，112，111

乾隆御制弥勒愿文：三，93，106

乾隆御制菩提要义：三，85，104

乾隆御制普贤行愿品：三，92，106

乾隆御制清净经：三，103，109

乾隆御制三十五佛经：三，88，104

乾隆御制三世吉祥愿文经：三，106，109

乾隆御制释迦佛赞：三，87，104

乾隆御制释迦牟尼佛赞摄援要律：三，111，111

乾隆御制文殊师利赞：三，107，110

乾隆御制无量寿佛回向文：三，109，110

乾隆御制无量寿佛面前观想经：三，97，107

乾隆御制无量寿佛自身观想经：三，95，106

乾隆御制无量寿经传宗祈祷：三，108，110

乾隆御制真实名经：三，102，108

乾隆御制宗喀巴祝文：三，98，107

乾隆御制尊圣佛母：三，90，105

钦定八旗则例：二，47，68

钦定兵部处分则例：二，59，72

钦定兵部绿营事务则例：二，61，73

钦定兵部则例：二，50，69

钦定大清会典：二，44，67

钦定大清会典则例：二，46，68

钦定大清律例：二，58，72

钦定回疆则例：二，53，70

钦定军器则例：二，51，69

钦定理藩院则例：二，54，70；二，70，75；二，71，76

钦定满洲祭神祭天典礼：二，55，71

钦定满洲源流考：二，33，64

钦定清汉对音字式：一，127，49

钦定清语：一，69，33

钦定同文韵统：一，42，25

钦定外藩蒙古回部王公表传：二，28，62

钦定西域同文志：一，68，32

钦定续纂外藩蒙古回部王公表传：二，29，62

钦定增修中枢政考：二，35，64；二，37，65

钦定中枢政考：二，34，64；二，36，65

亲征平定朔漠方略：二，8，55

清汉文海：一，82，37

清文备考：一，29，21

清文补汇：一，80，36；一，81，37

清文明洪武要训：二，16，58

清文典要：一，90，39；一，91，39；一，92，40；一，128，49

清文典要大全：一，129，49

清文古文渊鉴：四，17，134

清文回疆则例：二，52，70

清文汇书：一，60，30；一，61，31；一，62，31；一，63，31；一，64，31；一，65，32；一，66，32；一，67，32

清文接字：一，38，24

清文启蒙：一，31，22；一，33，23；一，113，45；一，114，46

清文五朝圣训：二，22，60

清文虚字歌：一，132，50

清文指要：一，35，23

清语易言：一，41，25

清语摘抄：一，95，40；一，96，41

清篆举隅：一，89，39

清字孔子家语：三，144，120

清字孙子兵法十三篇：三，47，93

R

日讲四书解义：一，18，18；一，19，18

日知荟说：三，137，118

S

三分巴令经：三，124，114

三国志：四，12，132

三国志通俗演义：四，28，137

三合便览：一，77，35；一，78，36；一，79，36；一，126，49

三合吏治辑要：二，39，65

三合名贤集：三，40，91；三，141，119

三合圣谕广训：三，38，90

三合语录：一，36，23

三体合璧文鉴：一，123，48

三字经：三，20，85

师子峰如如颜丙劝修净业文：三，130，116

上谕八旗：二，23，60

上谕旗务议覆：二，25，61

圣谕广训：三，9，82；三，10，82；三，11，82；三，12，83；三，138，119

圣祖仁皇帝庭训格言：二，15，58

十二头：一，119，47；一，120，47

十二字头：一，118，47

十六罗汉经：三，125，115

实录内摘出旧清语：一，71，33；一，72，34；一，124，48

释迦牟尼佛赞摄授要津：三，122，114

寿世保元：三，159，124

首楞严经：三，162，124；三，163，124

水供经：三，113，111

水浒传：四，37，139；四，38，140；四，39，140

四本简要全编：三，26，87

四书：一，27，21

四书集注：一，23，20；一，25，20

四体合璧文鉴：一，99，42

孙子十三篇：三，151，122

T

太上感应篇：三，42，92；三，148，121

太宗皇帝大破明师于松山之战书事文：二，14，58

太祖皇帝大破明师于萨尔浒山之战书事文：二，13，57

唐人说荟：四，15，133

通鉴辑要：二，6，55

同文广汇全书：一，45，26；一，46，26

同文类集：一，50，28

W

王中书劝孝八反歌：三，41，91

文鉴：一，131，50

文殊赞：三，121，114

无量寿佛吉祥偈：三，96，107

无量寿佛赞：三，119，113

吾主耶稣基督新约圣书：马太传福音书：三，134，117

吾主基督新约圣书：三，168，126

五译合璧集要：一，103，43

X

西汉通俗演义：四，22，135；四，23，135

西厢记：四，9，131；四，10，132

西游记：四，24，136；四，25，136；四，26，136；四，27，137

小儿语：三，31，88

小学·忠经：三，34，89

小学·卷二：三，146，120

小学合解：三，14，83

贤劫千佛号：三，84，103

孝经：一，17，18

孝经合解：一，16，18

孝经集注：一，15，17

新刻满汉字诗经：一，9，16

刑部新定现行例：二，42，66

醒世要言：三，142，120

醒世要言·女儿经：三，143，120

修订西厢记：四，11，132

学修十八个要项：三，131，116

许真君玉匣记：三，153，122

续编兼汉清文指要：一，40，25

薛文清先生要语：三，6，81

Y

衍教经：三，114，112

药师琉璃光王佛经：三，118，113

耶稣新约圣书：三，166，125

一百条：一，39，24

一百条书：一，117，46

一学三贯清文鉴：一，58，30；一，122，48

异域录：二，31，63；二，65，74

易经：一，107，44

音汉清文鉴：一，52，28；一，53，28；一，54，29；一，121，47

庸言知旨：三，27，87

幼学须知：三，29，88

雍正八年六月初一日戊戌朔日食图：三，49，94

雍正八年六月十五日壬子望月食图：三，50，94

雍正十年五月十六日壬申望月食图：三，51，94

雍正十三年三月十五日乙酉望月食图：三，53，95

元史：二，3，54

玉娇梨：四，30，138

玉娇梨小传：四，29，137

谕行旗务奏议：二，24，61

御制避暑山庄诗：四，3，130

御制重译金刚经：三，105，109

御制大清律：二，60，72

御制大清律集解附例：二，57，71

御制大清一统志：二，66，74；二，67，74；二，68，75

御制大云轮请雨经：三，117，112

御制翻译春秋：一，13，17

御制翻译礼记：一，11，16

御制翻译诗经：一，10，16

御制翻译书经：一，5，14；一，6，15；一，7，15

御制翻译四书：一，20，19；一，21，19；一，22，19

御制翻译易经：一，2，13

御制古文渊鉴：四，1，129

御制满汉蒙古西番合璧阿礼嘎礼：一，75，35

御制满蒙文鉴：一，49，27；一，57，29

御制满洲蒙古汉字三合切音清文鉴：一，76，35

御制朋党论：三，13，83

御制平定朔漠方略：二，9，56

御制清凉山新志：二，30，63

御制清文鉴：一，47，27；一，48，27

御制全韵诗：四，18，134

御制全韵诗注选：四，19，134

御制劝善要言：三，1，79

御制人臣儆心录：二，32，63

御制日讲易经解义：一，1，13

御制日讲书经解义：一，3，14；一，4，14

御制三角形论：三，81，102

御制盛京赋：四，5，130

御制诗经：一，8，15

御制四体合璧翻译名义集考证：三，132，117

御制四体清文鉴：一，100，42

御制星历考原：三，152，122

御制增订清文鉴：一，74，34；一，125，48

御制资政要览：三，2，79

御制资治通鉴纲目：二，7，55

御纂性理精义：三，7，81

Z

朱文公家训：三，30，88

朱子节要：三，136，118

宗室王公功绩表传：二，27，62

左传：一，109，44

文献满文题名索引

A

abkai fejergi eiten jaka be yongkiyaha bithe：二，66，74；二，67，74；
二，68，75

abkai wehiyehe i han i enduringge wacir i lashalara sure i cargi dalin de
akūnaha amba kulge nomun：三，112，111

abkai wehiyehe i han i ubaliyambuha bodi jugūn i jergi tangkan i šošohon i
jurgan：三，85，104

abkai wehiyehe i han i ubaliyambuhangge amba kulge i targame bolgomire
macihi jafara doro：三，86，104

abkai wehiyehe i han i ubaliyambuhangge arga de mergen jilan sere
maktacun：三，87，104

abkai wehiyehe i han i ubaliyambuhangge bodisado yabun i entebuku
calabun be sume aliyara jalbarin：三，88，104

abkai wehiyehe i han i ubaliyambuhangge bolgomire juktehen i kooli durun
ini cisui mutebuhe amba elhengge：三，103，109

abkai wehiyehe i han i ubaliyambuhangge eldengge gebungge enduringge
eme i tarani nomun：三，89，105

abkai wehiyehe i han i ubaliyambuhangge enduringge eiten ehe banjin be biretei geterembure giyolonggo umesi etehe eme gebungge toktobun terani nomun：三，90，105

abkai wehiyehe i han i ubaliyambuhangge enduringge nikenjere holbogon gebungge amba kulge i nomun：三，91，105

abkai wehiyehe i han i ubaliyambuhangge enduringge sain yabun i forobun i han toktoho：三，92，106

abkai wehiyehe i han i ubaliyambuhangge han i araha dasame ubaliyambuha wacir i lashalara nomun：三，104，109；三，105，109

abkai wehiyehe i han i ubaliyambuhangge ilan forgoni i sain forobun nomun：三，106，109

abkai wehiyehe i han i ubaliyambuhangge gungge erdemungge ilan jalan sere jalbarin：三，101，108

abkai wehiyehe i han i ubaliyambuhangge maidari i forobun：三，93，106

abkai wehiyehe i han i ubaliyambuhangge manjurame ubaliyambuha tarni hūlara arga：三，94，106

abkai wehiyehe i han i ubaliyambuhangge manjusiri i maktacun：三，107，110

abkai wehiyehe i han i ubaliyambuhangge nesuken horonggo fucihi i unenggi gebu be yargiyalame nomulaha nomun：三，102，108

abkai wehiyehe i han i ubaliyambuhangge mohon akū jalafungga fucihi i abisik nomun i lamasai jalbarin：三，108，110

abkai wehiyehe i han i ubaliyambuhangge mohon akū jalafungga fucihi i beye urebume gūnire nomen：三，95，106

abkai wehiyehe i han i ubaliyambuhangge mohon akū jalafungga fucihi i forobun：三，109，110

abkai wehiyehe i han i ubaliyambuhangge mohon akū jalafungga fucihi i juleri urebume gūnire nomun：三，97，107

abkai wehiyehe i han i ubaliyambuhangge surgewadi bade banjire be mutebure wesihun gurun i duka be neihe forobun nomun: 三, 110, 111

abkai wehiyehe i han i ubaliyambuhangge suwayan šajin i da baksi dzungk'aba lama i jalbarin adisatiwa hūdun bahabure gebungge nomun: 三, 98, 107

abkai wehiyehe i han i ubaliyambuhangge umesi sfulere wacir gebungge toktobun tarani: 三, 99, 108

abkai wehiyehe i han i ubaliyambuhangge wa i fulehun bure kooli: 三, 100, 108

abkai wehiyehe i han i ubaliyambuhangge šakiyamuni fucihi i maktacun endistit i oyonggo doron gebungge nomun: 三, 111, 111

abkai wehiyehe i juwan jakūci aniya ilan biya i tofohon de šahūn honin wangga inenggi biya be jetere nirugan: 三, 59, 96

abkai wehiyehe i juwan ningguci aniya sunja biya i ice de niohon fulahūn coko šongge inenggi biya be jetere nirugan: 三, 58, 96

abkai wehiyehe i juweci aniya fulahūn meihe erin forgon i ton i bithe: 三, 54, 95

aisin gurun i suduri bithe: 二, 1, 53

ajige tacikū·jai debtelin: 三, 146, 120

ajigan tacin bithe·jung ging: 三, 34, 89

ajige juse i gisuren i bithe: 三, 31, 88

ajige tacikū be acabufi suhe bithe: 三, 14, 83

akdun yabungga sere gebungge amba kulge i nomun: 三, 162, 124; 三, 163, 124

amba tacin i bithe: 一, 110, 45

an i gisun de amtan be sara bithe: 三, 27, 87

B

beye dailame wargi amargi babe necihiyeme toktobuha bodogon bithe:

203

二，8，55

buleku bithe：一，131，50

C

cen ši jai ubaliyambuha si siyang gi bithe：四，10，132

cing han wen hai bithe：一，82，37

cing wen jiye dzi bithe：一，38，24

cing wen ki meng bithe：一，31，22；一，33，23；一，113，45；一，114，46

cūn cio bithe：一，108，44

D

dailiyoo aisin dai yuwan ere ilan gurun i suduri de bisire gisun be suhe bithe：二，4，54

dai liyoo gurun i suduri bithe：二，2，53

dai yuwan i suduri bithe：二，3，54

daicing gurun i abkai wehiyehe i ilaci aniya suwayan morin erin forgoni ton i bithe：三，56，96

daicing gurun i abkai wehiyehe i jai aniya juwe biya i juwan ninggun de niohon bonio indahūn wangga inenggi biya be jetere nirugan：三，55，95

daicing gurun i abkai wehiyehe i ninggun aniya i erin forgoni ton i bithe：三，57，96

daicing gurun i badarangga doro i uyuci aniya i erin forgon i ton i bithe：三，76，101

daicing gurun i doro eldengge juwan emuci aniya i erin forgon i ton i bithe：三，71，99

daicing gurun i doro eldengge i juwan emuci aniya nadan dasan i hetu undu yabu dulefun i erin forgon i ton：三，72，100

daicing gurun i doro eldengge i tofohoni aniya niohon honin erin forgon i ton i bithe：三，75，100

daicing gurun i doro eldengge jakūci aniya i erin forgon i ton i bithe：
三，69，99

daicing gurun i doro eldengge juwan duici aniya i erin forgon i ton i bithe：
三，74，100

daicing gurun i doro eldengge juwan juweci aniya i erin forgon i ton i
bithe：三，73，100

daicing gurun i elhe taifin ninju emuci aniya i forgon i yargiyan ton：
三，48，94

daicing gurun i fafun i bithe kooli：二，48，68；二，69，75

daicing gurun i fafun i bithe suhe hergen kooli be kamcihabi：二，57，71

daicing gurun i fukjin doro neihe bodogon i bithe：二，12，57

daicing gurun i g'aodzung yongkiyangga hūwangdi i enduringge
tacihiyan：二，20，59

daicing gurun i hūwaliyasun tob juwan ilaci aniya i forgon i yargiyan ton：
三，52，95

daicing gurun i taidzu dergi hūwangdi i ben ji i bithe：二，63，73

daicing gurun i taidzu dergi hūwangdi i enduringge tacihiyan：二，17，58

daicing gurun i taidzung genggiyen šu hūwangdi i da hergin i bithe：二，
18，59；二，64，73

daicing gurun i uheri kooli bithe：二，43，67

daicing gurun i yooni bithe：一，44，26

daicing gurun i žindzung sunggiyen hūwangdi i enduringge tacihiyan：
二，21，60

dasan i oyonggo isabuha bithe：二，38，65；二，40，66；二，41，66

dergi han gurun i bithe：四，21，135

dergi hese jakūn gūsa de wasimbuhangge：二，23，60

dergi hesei wasimbuha gūsai baita be dahūme gisurefi wesimbuhangge：
二，25，61

dergici toktobuha ge ti ciowan lu bithe：三，158，123；三，160，124

dorgi durun i jurgan be badarambuha bithe：三，3，80

doro eldengge i ilaci aniya sahahūn honin juwan juwe biya i juwan ninggun de šanggiyan indahūn wangga inenggi biya be jetere nirugan：三，67，98

doro eldengge juwan aniya šanggiyan tasha nadan biya de juwan nadan de sahaliyan bonio wangga inenggi biya be jetere nirugan：三，70，99

doro eldengge i sunjaci aniya juwan biya i juwan nadan de šanggiyan morin wangga inenggi biya be jetere nirugan：三，68，99

dorolon i nomun：一，12，16

duin fulehe oyonggo šošohon i bithe：三，26，87

duin hacin i hergen kamciha buleku bithe：一，99，42

dzo juwan bithe：一，109，44

E

emu be tacifi ilan be hafukiyara manju gisun i buleku bithe：一，58，30；一，122，48

emu tanggū orin sakda i gisun sarkiyan：三，155，123；三，156，123；三，157，123

enduringge di giyūn guwan mafa i jalan de ulhibure boobai tacihiyan i nomun bithe：三，43，92；三，45，93

enduringge doobume aitubure eme i maktacun：三，120，113

enduringge ewanggeliaum：三，135，118

enduringge juwan ninggun akdun yabungga i hengkin jukten gebungge nomun：三，125，115

enduringge nag'adzuna bakši i banjibuha uyun yacin hiyan acabure dasargan：三，126，115

enduringge tacihiyan：二，22，60

enduringge tacihiyan be neileme badarambuha bithe：三，9，82；三，10，82；三，11，82；三，12，83；三，138，119

enteheme akdacun nomun toktoho：三，116，112

F

fan i lei biyan bithe：一，59，30

fucihi i nomulaha abida nomun niyaman i nomun：三，164，125

fucihi i nomulaha dehi juwe fiyelen nomun：三，128，115；三，161，124

fucihi nomulaha abida nomun · niyaman i nomun i šutucin：三，127，115

G

geren gurun i bithe：四，31，138；四，32，138；四，33，139；四，34，139；四，35，139；四，36，139

gin ping mei bithe：四，13，132；四，20，135

H

hafu buleku bithe：二，5，54

hafu buleku bithei oyonggo be šošoho bithe：二，6，55

han i araha alin i tokso de halhūn be jailaha ši：四，3，130

han i araha ambasai mujilen be targabure bithe：二，32，63

han i araha cing liyang šan alin i ice jy bithe：二，30，63

han i araha daicing gurun i fafun i bithe：二，60，72

han i araha dasan de tusangga oyonggo tuwakū bithe：三，2，79

han i araha duin hacin i hergen kamciha manju gisun i buleku bithe：一，100，42

han i araha gubci mudan irgebun be tuwafi suhe hergen i oyonggo be gaiha ejehe yohibun：四，19，134

han i araha gucu hoki i leolen：三，13，83

han i araha ilan hošonggo arbun i leolen：三，81，102

han i araha inenggidari giyangnaha i ging ni jurgan be suhe bithe：一，1，13

han i araha inenggidari giyangnaha šu ging i jurgan be suhe bithe：一，3，14；一，4，14

han i araha julgei šu fiyelen šumin buleku bithe：四，1，129；四，17，134

han i araha manju gisun i buleku：一，47，27；一，48，27

han i araha manju monggo gisun i buleku bithe：一，49，27；一，57，29

han i araha manju monggo nikan hergen ilan hacin i mudan acaha buleku bithe：一，76，35

han i araha manju nikan monggo tanggūt hergen i kamciha alig'ali：一，75，35

han i araha mukden i fujurun bithe：四，5，130

han i araha nonggime toktobuha buleku bithe：一，125，48

han i araha nonggime toktobuha manju gisun i buleku bithe：一，74，34

han i araha sain be huwekiyebure oyonggo gisun：三，1，79

han i araha ubaliyambuha dasan i nomun i bithe：一，5，14；一，6，15；一，7，15

han i araha ubaliyambuha dorolon i nomun：一，11，16

han i araha ubaliyambuha duin bithe：一，20，19；一，21，19；一，22，19

han i araha ubaliyambuha irgebun i nomun：一，10，16

han i araha ubaliyambuha jijungge nomun：一，2，13

han i araha ubaliyambuha šajingga nomun：一，13，17

han i araha wargi amargi babe necihiyeme toktobuha bodogon bithe：二，9，56

han i araha ši ging ni bithe：一，8，15

han i araha yongkiyan mudan i irgebun：四，18，134

han i araha dzi jy tung giyan g'ang mu bithe：二，7，55

han i banjibuha sing li jing i bithe：三，7，81

han i toktobuha sing li gao yuwan i bithe：三，152，122

han i ubaliyambuha amba tugi mandal aga agabure nomun toktoho：三，117，112

herisetos i tutabuha ice hese：三，167，126

hesei dasaha duin hacin i hergen kamciha ubaliyambure gebu jurgan be isamjaha bithe：三, 132, 117

hesei i toktobuha cing han dui in dzi ši bithe：一, 127, 49

hesei toktobuha coohai agūrai kooli hacin i bithe：二, 51, 69

hesei toktobuha coohai jurgan i baitai kooli bithe：二, 50, 69

hesei toktobuha coohai jurgan i baitai kooli bithe i šošohon：二, 34, 64；二, 36, 65

hese i toktobuha coohai jurgan i baitai kooli bithe niowanggiyan turun i kūwaran：二, 61, 73

hesei toktobuha coohai jurgan i sirame banjibuha baitai kooli bithe：二, 35, 64；二, 37, 65

hesei toktobuha coohai jurgan i weile gisurere kooli hacin i bithe：二, 59, 72

hesei toktobuha daicing gurun i fafun i bithe kooli：二, 58, 72

hesei toktobuha daicing gurun i uheri kooli bithe：二, 44, 67

hesei toktobuha daicing guruni uheri kooli hacin i bithe：二, 46, 68

hesei toktobuha hoise jecen i kooli hacin i bithe：二, 52, 70；二, 53, 70

hesei toktobuha jakūn gūsai kooli hacin：二, 47, 68

hesei toktobuha manju gisun：一, 69, 33

hesei toktobuha manjusai da sekiyen i kimcin bithe：二, 33, 64

hesei toktobuha manjusai wecere metere kooli bithe：二, 55, 71

hesei toktobuha sirame acabuha tulergi monggo hoise aiman i wang gung sei iletun ulabun：二, 29, 62

hesei toktobuha tulergi golo be dasara jurgan i kooli hacin i bithe：二, 54, 70；二, 70, 75；二, 71, 76

hesei toktobuha tulergi monggo hoise aiman i wang gung sei iletun ulabun：二, 28, 62

hesei toktobuha tung wen yūn tung bithe：一, 42, 25

hesei toktobuha wargi ba i hergen be emu obuha ejetun：一，68，32

hese i yabubuha hacilame wesimbuhe gūsa i baita：二，24，61

hioi jen giyūn i ioi hiya gi bithe：三，153，122

hiyoo ging be acabufi suhe bithe：一，15，17；一，16，18

hiyoošungga nomun：一，17，18

hūlara suduri šošohon be leolehe bithe：二，62，73

hūwaliyasun tob i jakūci aniya ninggun biya i ice de suwayan indahūn šongge inenggi šun be jetere nirugan：三，49，94

hūwaliyasun tob i jakūci aniya ninggun biya i tofohon de sahaliyan singgeri wangga inenggi biya be jetere nirugan：三，50，94

hūwaliyasun tob i juwanci aniya sunja biya i juwan ninggun de sahaliyan bonio wangga inenggi biya be jetere nirugan：三，51，94

hūwaliyasun tob i juwan ilaci aniya ilan biya i tofohon de niohon coko wangga inenggi biya be jetere nirugan：三，53，95

hūwang ši gung ni su šu bithe：三，150，121

I

i ging：一，107，44

ice foloho manju nikan hergen i ši ging：一，9，16

ilan gurun i bithe：四，12，132；四，28，137

ilan hacin gisun i kamcibuha gebungge saisa isabuha bithe：三，40，91；三，141，119

ilan hacin i gisun kamcibuha enduringge tacihiyan be neileme badarambuha bithe：三，38，90

ilan hacin i gisun kamcibuha hafan i dasan i oyonggo be isabuha bithe：二，39，65

ilan hacin i gisun kamcibuha tuwara de ja obuha bithe：一，77，35；一，78，36；一，79，36；一，126，49

ilan hacin i hergen kamcibuha gisun i bithe：一，36，23

ilan hacin i hergen kamciha buleku bithe：一，123，48

ilan ubungga baling ni nomun：三，124，114

ineku jihe oktosi han beiduri eldengge fucihi i kooli durun kensebure boobai sere gebungge nomun toktoho：三，118，113

inenggidari giyangnaha sy šu i jurgan be suhe bithe：一，18，18；一，19，18

inenggidari sahangge be acamjiha gisuren：三，137，118

ioi jiyao li bithe：四，29，137

J

jakūn gūsai manjusai mukūn hala be uheri ejehe bithe：二，26，61

jakūn gūsai tung jy i sucungga weilehe bithe：二，56，71；二，73，76

jalafungga sure i cargi dalin de akūnaha niyaman sere nomun：三，83，103

jalan de ulhibure oyonggo gisun i bithe：三，142，120

jalan de ulhibure oyonggo gisun i bithe·nioi er ging bithe：三，143，120

ju dzi jiye yoo bithe：三，5，80；三，136，118

ju wen gung ni booi tacihiyan：三，30，88

juwan jakūn acangga sere tacihiyan：三，131，116

juwan juwe uju bithe：一，119，47；一，120，47

jungar i babe necihiyeme toktobuha bodogon i bithe：二，10，56

K

koolingga gisun i oyonggo be šošoho bithe：三，82，103

kungdzi boo i tacihiyan：三，144，120

L

lakcaha jecen de takūraha bade ejehe bithe：二，31，63；二，65，74

leolen gisuren bithe：一，28，21

lin el boo bithe：四，14，133

liyan ju fa boo jin bithe：三，133，117

liyan ju ji：三，77，101；三，78，101；三，154，122

M

manju bithei kooli šošohon i bithe：一，90，39；一，91，39；一，92，40；一，128，49

manju bithe i kooli šošohon i yooni bithe：一，129，49

manju fukjingga hergen i hošo be jodoro bithe：一，89，39

manju gisun be ja i gisurere bithe：一，41，25

manju gisun be niyeceme isabuha bithe：一，80，36；一，81，37

manju gisun i buleku bithe sonjome araha bithe：一，121，47

manju gisun i oyonggo jorin i bithe：一，35，23

manju gisun i sonjofi sarkiyaha bithe：一，95，40；一，96，41

manju gisun i untuhun hergen be tacibure bithe：一，132，50

manju gisun i yongkiyame toktobuha bithe：一，29，21

man han bai giya sing：一，56，29

man han doo de ging：三，149，121

man han lei šu ciyūn ji：一，43，25

manju hergen i sun dzi i juwan ilan weilen：三，47，93

manju isabuha bithe：一，60，30；一，61，31；一，62，31；一，63，31；一，64，31；一，65，32；一，66，32；一，67，32

manju monggo nikan kamciha ubaliyambuha mujilen be genggiyelere oyonggo buleku bithe：三，129，116

manju monggo hergen i kamcime suhe san dzi ging ni bithe：三，16，84；三，18，84；三，19，85；三，139，119

manju nikan fe gisun be jofoho acabuha bithe：一，102，43

manju nikan ging bithei toktobuha gisun：一，55，29

manju nikan hergen be kamcime araha minggan hergen i bithe：一，94，40；一，130，50

manju nikan hergen i cing wen ki meng bithe：一，30，22；一，32，22；一，115，46

manju nikan hergen i juwan juwe uju yooni bithe: 一, 51, 28

manju nikan hergen i kamciha io hiyoo hioi jy bithe: 三, 28, 87

manju nikan hergen i kamciha tacibure hese i bithe: 一, 105, 43; 一, 106, 44

manju nikan hergen i pan ši i šošohon i leolen: 三, 80, 102

manju nikan hergen kamcifi acabure dzi fa gioi ii bithe: 一, 37, 24

manju nikan hergen kamciha sing li bithe: 三, 8, 81

manju nikan hergen kamciha ts'ai gen tan bithe: 三, 79, 101

manju nikan hergen kamcime araha san dzi ging bithe: 三, 21, 85; 三, 22, 86

manju nikan hergen kamcime hiyoo ging bithe: 一, 14, 17

manju nikan hergen kamcime jung ging ni bithe: 三, 35, 89

manju nikan hergen i kamciha icabuha oyonggo bithe: 一, 73, 34

manju nikan hergen i kamcime suhe san dzi ging ni bithe: 三, 15, 83; 三, 17, 84

manju nikan hergen i ninggun jurgan šanggaha gisun i bithe: 一, 85, 38

manju nikan hergen i tacibure hesei bithe juwan hacin: 一, 104, 43

manju nikan hergen i sy šu: 一, 24, 20; 一, 26, 20

manju nikan kamcibuha gebungge saisa isabuha bithe: 三, 39, 91

manju nikan kamciha si siyang gi bithe: 四, 8, 131

manju nikan liyoo jai jy i bithe: 四, 16, 133

manju nikan si siyang gi bithe: 四, 7, 131

manjusai wecere metere kooli bithe: 二, 72, 76

manjusiri i maktacun: 三, 121, 114

mengdzi bithe ningguci debtelin ju hi ji ju gao dzi jang giui dergi: 一, 111, 45

mengdzi bithe: 一, 112, 45

ming gurun i hung u i oyonggo tacihiyan: 二, 16, 58

minggan hergen i banjibume araha bithe：一，93，40

mohon akū jalafungga fucihi i maktacun：三，119，113

mohon akū jalafungga fucihi i hūturi fengšen i irgebun：三，96，107

monggo bithei oyonggo be joriha bithe：一，101，42

monggo fafun i bithe：二，49，69

monggo gisun i uheri isabuha bithe：一，98，41

musei ejen herisetos i tutabuha ice hese：三，168，126

musei ejen isus heristos i tutabuha ice hese：三，166，125

musei ejen isus heristos i tutabuha ice hese: enduringge ewanggeliaum mattei i ulaha songkoi：三，134，117

N

na i niyamangga fusa i da forobun i nomun：三，115，112

nadan tacihiyan be urunakū hūlabure bithe：三，24，86；三，25，86；三，145，120

narhūšame ubaliyambuha lu ts'ai dzi ts'i：四，6，130

nikan hergen i ubaliyambuha manju gisun i buleku bithe：一，52，28；一，53，28；一，54，29

ninggun jurgan i toktoho gisun i bithe：一，83，37；一，84，37；一，86，38；一，87，38；一，88，38

niowanggiyan doobume aitubure eme i maktacun：三，123，114

O

orin duin hiyoošungga：三，23，86

orin duin hiyoošun i bithe：三，140，119

orin duin hiyoošungga irgebun：三，147，121

P

ping šan leng yan i bithe：四，40，140

S

saicungga fengšen i juwan uyuci aniya ninggun biya i ice de šanyan bonio šongge inenggi šun be jetere nirugan：三，60，97

saicungga fengšen i orin duici aniya ilan biya i juwan ninggun de suwayan niowanggiyan bonio wangga inenggi biya be jetere nirugan：三，64，98

saicungga fengšen i orin duici aniya jakūn biya i tofohon de niowanggiyan muturi wangga inenggi biya be jetere nirugan：三，65，98

saicungga fengšen i orin emuci aniya juwan biya i juwan nadan de sahaliyan muduri wangga inenggi biya be jetere nirugan：三，61，97

saicungga fengšen i orin juweci aniya duin biya i ice de niowanggiyan indahūn šongge inenggi šun be jetere nirugan：三，62，97

saicungga fengšen i orin juweci aniya juwan biya i ice de šahūn honin šongge inenggi šun be jetere nirugan：三，63，97

saicungga fengšen i orin sunjaci aniya juwe biya i orin nadan de sahahūn gūlmahūn wangga inenggi biya be jetere nirugan：三，66，98

sain g'alba i minggan fucihi i colo：三，84，103

san dzi ging：三，20，85

si io gi bithe：四，24，136；四，25，136；四，26，136；四，27，137

si siyang gi bithe：四，9，131

siowei wen cing siyan šeng ni oyonggo gisun：三，6，81

sirame banjibuha nikan hergen i kamcibuha manju gisun i oyonggo jorin bithe：一，40，25

sunja hacin gisun kamcime araha oyonggo baitalan toktoho：一，103，43

sun dzi i juwan ilan fiyelen：三，151，122

sure cargi dalin de akūnaha niyaman nomun：三，165，125

sy šu ji ju：一，23，20；一，25，20

Š

šajin badarara nomun：三，114，112

šengdzu gosin hūwangdi i booi tacihiyan i ten i gisun：二，15，58

šengdzu gosin hūwangdi i enduringge tacihiyan：二，19，59

ši dze fung ba i žu žu yan bing ni araha bolgo weilen be dasara be hacihiyara bithe：三，130，116

šeo ši boo iowan：三，159，124

šigiyamuni fucihi i maktacun adistit i oyonggo dogon gebungge nomun：三，122，114

šui hū juwan bithe：四，37，139；四，38，140；四，39，140

T

tai šang ni acabume karulara bithe：三，42，92；三，148，121

taidzu hūwangdi i ming gurun i coohabe sargū alin de ambarame efulehe baita be tucibume araha bithe：二，13，57

taidzung hūwangdi ming gurun i cooha be sung šan de ambarame efuleme afaha baita be acame araha bithe：二，14，58

tang gurun i siyoo šo bithe：四，15，133

tanggūbalin sindara kooli：三，113，111

tanggū meyen：一，39，24

tanggū meyen i bithe：一，117，46

tondo be temgetulere bithe：二，74，76

tondo unenggi fan gung ni wen ji bithe：四，4，130

tuktan majige urse i urunakū ulhire bithe：三，29，88

tuktan tacire urse urunakū hūlaci acara bithe：一，97，41

tuktan tacire ursei temgetu jorin bithe：一，34，23；一，116，46

tung wen gūwang hoi ciowan šu bithe：一，45，26；一，46，26

tung wen lei ji：一，50，28

tuwancihiyame dasara si siyang gi bithe：四，11，132

U

ubaliyambuha ajigan tacin i bithe：三，32，89

ubaliyambuha dai hiyo i jurgan be badarambuha bithe：三，4，80

ubaliyambuha dehi meyen i bithe：一，70，33

ubaliyambuha deote juse i durun：三，36，90

ubaliyambuha jalan de ulhibure oyonggo gisun i bithe：三，37，90

ubaliyambuha julgei šu fiyelen：四，2，129

ubaliyambuha ninggun baitai targabun gisun：三，44，92

ubaliyambuha sun dzi i cooha i doro bithe：三，46，93

ubaliyambuha tondo hiyoošungga juwe nomun：三，33，89

ukanju be kadalame jafara kooli：二，45，67

uksun i wang gung sei gungge faššan be iletulere ulabun：二，27，62

W

wang jung šu hiyoošun be tafalara jakūn fudara ucun：三，41，91

wargi han gurun i bithe：四，22，135；四，23，135

weilere jurgan ne yabure kooli：二，42，66

Y

yargiyan kooli ci tukiyeme tucibuhe fe manju gisun i bithe：一，71，33；
一，72，34；一，124，48

Z

dzanla cucin i babe necihiyeme toktobuha bodogon i bithe：二，11，57

文献俄文题名索引

А

Августейшие поучения Жэнь-цзуна благополучного императора династии Дай Цин：二，21，60

Алмазненая сутра переведенная по приказу императора：三，104，109

Б

Ба ци тун чжи чу цзи：Всеобъемлющее описание Восьми знамен：предварительное собрание：二，56，71

Бай цзя-син на китайском и маньчжурском языках：一，56，29

Бездонное зерцало старинной литературы, переведенное на маньчжурский язык Колл：四，1，129

Беседа с единомышленниками изданная по изволению императора：三，13，83

Беседы с малолетними детьми：三，31，88

В

Важнейшие изречения учителя Сюэ Вэнь-цина：三，6，81

Важнейшие наставления минского императора Хун-у изданные по изволению императора：二，15，58

Важное собрание образцовых изречений：三，82，103

Важные правила, полезные в управлении：三，2，79

Важные слова увещевающие к добру написанные императором：三，1，79

Весна и Осень летопись княжества лу：一，108，44

Воздаяние Линь Эра：四，14，133

Высочайше утвержденная книга обрядов маньчжур：二，55，71

Высочайшие указы Восьми знаменам：二，23，60

Выборка наиболее Важного из комментария на Стихотворения, написанные императором по всем правилам просодии：四，19，134

Высочайше утвержденный устав маньчжурских жертвоприношений：二，72，76

Д

Да Цин люй ли：Уголовные законы государства Дайчий：二，48，68

Да Цин Шэн-цзу Жэнь хуан-ди шэн сюнь：Совершенномудрые поучения Гуманного императора Шэн-цзу Великой Цин：二，18，59

Двадцать четыре сыновней почтительности：三，23，86；三，140，119

Двадцать четыре «образца» сыновней почтительности, изложенные стихами：三，147，121

Двенадцать глав：一，120，47

Добавление к своду законов регламентирующему дела Военного министерства и утвержденному императором：二，35，64

Дополненное зеркало маньчжу：一，74，34

Дополнительно исправленное Сы шу с комментариями：一，23，20

Дополнительно установленная книга маньчжурского языка：一，25，20

Дополнительное собрание маньчжурских слов：一，80，36；一，81，37

Доклады справедливого князя фаня：四，4，130

Драма Си сян цзи просмотренная и исправленная：四，11，132

Ж

Жемчужное ожерелье: 三, 77, 101; 三, 154, 122

З

Законченные речения шести министерств: 一, 56, 29

Законченные речения шести министерств: 一, 85, 38

Законченные речения шести министерств: 一, 83, 37; 一, 84, 37;
一, 86, 38; 一, 87, 38; 一, 88, 38

Законы министерства юстиции по уголовным делам действующие в
настоящее время: 二, 42, 66

Западный флигель на маньчж. и кит. яз.: 四, 7, 131

Записки командированного за границу: 二, 65, 74

Записи раскрывающие начало Дайцинской империи: 二, 12, 57

Записи речений сведенные на трех: 一, 36, 23

Записи сделанные императором в летнем дворце в горной деревне:
四, 3, 130

Записки о военных походах связанных с усмирением покорением
земель Чуцинь и Цзанла: 二, 11, 57

Зерцало: 一, 131, 50

Зерцало маньчжурской словесности по высочайшему повелению
дополненное и исправленное: 一, 125, 48

Зерцало маньчж. и монг. языков составленное по указу императора:
一, 49, 27

Зерцало маньчж. языка в переводе на кит. яз.: 一, 52, 28

Зерцало маньчж. языка в четырех видах письма, составленное по указу
императора: 一, 100, 42

Зерцало маньчжурской словесности в переводе на китайский
язык: 一, 53, 28; 一, 54, 29

Зерцало маньчжурской словесности изданное по высочайшему

повелению: 一, 48, 27

Зерцало маньчжурской словесности с помощью которого познав одно, постигнешь три: 一, 58, 30

Зерцало маньчжурской-монгольской словесности изданное по высочайшему повелению: 一, 49, 27

Зерцало словесности на маньчжурском, монгольском и китайском языках изданное по высочайшему повелению: 一, 76, 35

Г

Генеалогические таблицы и хронологическое описание деяний правителей аймаков Внешней Монголии и Туркестана: 二, 28, 62

Говорите легко по-маньчжурски: 一, 41, 25

Ф

Фразеологизмы из Шу цзина на маньчжурском и китайском языках: 一, 55, 29

Фучіхі номудаха абіда номун: 三, 164, 125

И

Избранные переводы из Ляочжай чжи и: 四, 14, 133

Извлечение важного из книги ясное зеркало: 二, 5, 54

Имена тысячи будд из Bhadrakalpa: 三, 84, 103

Искусно переведенные арии шестого из великих патриархов: 四, 6, 130

Истинный смысл природы и закона составленный императором: 三, 8, 81

История династии Великая Ляо: 二, 2, 53

История династии Великая Юань: 二, 3, 54

История династии Восточная Хань в популярном изложении: 四, 21, 135

История династии Западная Хань в популярном изложении: 四, 23, 135

История периода ле го: 四, 31, 138; 四, 32, 138; 四, 36, 139

К

Книга делающая удобным обозрение на трех языках：一, 77, 35

Книга для обязательного прочтения при начальном обучении：三, 29, 88

Книга для обязательного прочтения при начальном обучении на маньчжурском и китайском языках：三, 28, 87

Книга драгоценного закона шестого патриарха школы Чань：三, 133, 117

Книга категорий с переводом：一, 59, 30

Книга о трех государствах：四, 10, 132

Книга облегчающая изучение трех языков：一, 77, 35; 一, 78, 36; 一, 79, 36

Книга перемен переведенная по повелению императора：一, 2, 13

Книга раскрывающая священные наставления на трех языках：三, 38, 90

Книга распространения смысла великого учения：三, 4, 80

Книги поправление чистого и предовтережение от предания смерти：三, 130, 116

Китайский роман цзинь пин мэй：四, 20, 135

Китайский текст с маньчжурским переводом：三, 149, 121

Книга Син ли цзин и изданная по указу императора：三, 7, 81

Книга стратегии усмирения западных и северных местностей под личным началом：二, 8, 55

Компас в первоначальном обучении：一, 34, 23

Л

Ли цзи: Книга церемоний：一, 12, 16

Ли цзи переведенное на маньчжурский язык по повелению императора：一, 11, 16

М

Мань Хань Лю бу чэн-юй: Речения Шести министерств на маньчжурском и китайском языках：一, 88, 38

Маньчжурские речения утвержденные волей императора: 一, 69, 33

Мудрые поучения Милостивого императора шэнцзу Дайцинской империи: 二, 19, 59

Мудрые поучения пяти императоров на маньчж.яз: 二, 22, 60

Н

Начатки маньчжурской грамоты на маньчжурском и китайском языках: 一, 27, 21

Начатки маньчжурской грамоты: 一, 113, 45; 一, 114, 46

Наставления для непременного заучивания: 一, 104, 43

Новое описание горы Цинляншань изданное по повелению императора: 二, 30, 63

Новое слово, оставленное нашим господином Иисусом Христом (I-я часть: следом за изложением святого евангелиста Матвея): 三, 134, 117

Новый завет господа нашего Иисуса Христа: 三, 166, 125

Новый Завет Христа: 三, 167, 126

Новый Завет Господа нашего Иисуса Христа: 三, 168, 126

О

О соответствующем воздаянии ниспосылаемом Тай шаном: 三, 42, 92; 三, 148, 121

О двадцати четырех пунктах касавшихся до родительского почтения: 三, 23, 86

Образцы изящной словесности в переводе на маньчжурский язык: 四, 2, 129

Образцы маньчжурского лексикона: 一, 90, 39; 一, 91, 39

Объяснение смысла Книги исторических документов в ежедневных толкованиях сделанных императором: 一, 3, 14

Ода к Мукдену написанная императором: 四, 5, 130

Описание восьми знамен 1-й раздел: 二, 56, 71

Описание удивительных земель：二, 29, 62

Описание Поднебесной империи：二, 66, 74；二, 67, 74；二, 68, 75

Основное содержание Четырех исследований：三, 26, 87

Основные положения философии Чжу Си：三, 136, 118

Основные положения философии Чжу-цзы на маньчжурском и китайском языках：三, 5, 80

П

Первая книга конфуцианского четверокнижия：一, 110, 45

Переведенное на китайский язык зерцало маньчжурской словесностн：一, 121, 47

Переведенная по указу императора：三, 162, 124；三, 163, 124

Первоначальные сведения о маньчж：一, 30, 22；一, 31, 22

План усмирения Джунгарии：二, 10, 56

Повесть о ой. Цзяо и Ли Две кузины：四, 30, 138

Повесть о четырех гениальных поэтах：四, 40, 140

Подлинное учение которое разъясняет потомству гуань шэн ди цзюнь：三, 43, 92

Полная книга великой династии Цин：一, 44, 26

Полная анатомия изданная по высочайшему повелению：三, 160, 124

Полное собрание предметных категорий на маньчжурском и китайском языках：一, 43, 25

Положение свода законов Дайцинской империи высочайше утверждение：二, 46, 68

Поэма о мукдэне сочиненная императором：四, 5, 130

Поучения первого императора династии Мин Хун-у：二, 15, 58

Поучения пяти первых маньчжурских императоров на маньчжурском языке：二, 22, 60

Путешествие на запад：四, 24, 136；四, 25, 136；四, 26, 136；四,

27，137

Р

Разъяснение смысла Да сюэ：三，4，80

Распространенное толкование императорских поучений：三，138，119

Речи ста двадцати старцев：三，155，123

Речные заводы：四，37，139

С

Сань Го чжи: Троецарствие：四，12，132

Сань хэ бянь лань: Удобный обзор трех вместе：一，77，35；一，78，36；一，79，36

Сань хэ юй лу：Записи речений：сведенные на трех：一，36，23

Семь поучений для непременного заучивания：三，145，120

Сборник статей на маньчжурском языке：一，96，41

Сведения о жизни и деятельности дайцинского императора Тай-цзу：二，63，73

Сводные сведения о восьми знаменах：二，73，76

Сводные сведения о восьми знаменах Собрание первое：二，56，71

Священное Евангелие：三，135，118

Семь поучений для непременного заучивания：三，24，86；三，25，86

Си сян цзи в переводе Цзин Ши-чжая：四，10，132

Слова императора обращенные к сердцам сановников：二，32，63

Собрание важного в чиновничьем управлении на трех языках：二，41，66

Собрание важного на маньчжурском и китайском языках：一，73，34

Собрание категорий с соответствующим переводом：一，50，28

Собрание основных суждений Пань-ши на маньчжурском и китайском языках：三，80，102

Собрание комментариев на малое учение：三，14，83

Собрание комментариев на четверокнижие: 一, 23, 20

Собрание маньчжурских слов: 一, 60, 30; 一, 61, 31; 一, 62, 31; 一, 63, 31; 一, 64, 31; 一, 65, 32; 一, 66, 32; 一, 67, 32

Совершенные слова произнесенные Шэн-цзу милостивым императором во время домашних бесед с сыновьями: 二, 15, 58

Сорок глав в переводе на маньчжурский язык: 一, 70, 33

Сорокадвухглавая сутра: 三, 161, 124

Сохранение здоровья: 三, 159, 124

Стихотворения, написанные императором по всем правилам просодии: 四, 18, 134

Сто глав: 一, 117, 46

Справочник по маньчжурской письменности: 一, 29, 21

Старинные маньчжурские слова извлеченные из Правдивых записок: 一, 71, 33; 一, 72, 34

Стихи Бегство от жары в летнее время написанные императором: 四, 3, 130

Схема лунного затмения в полнолуние, день желтой обезьяны -16-й день 3-го месяца 24-го года Цзя-ций " (Маньчж.)"; "день у- шэнь" (кит.): 三, 64, 98

Сы шу: 一, 27, 21

Сы шу с комментариями для ежедневного чтения изданное по повелению императора: 一, 18, 18

Сяо Цзин изданный по повелению императора: 一, 17, 18

Сяо цзин на маньчжурском и китайском языках: 一, 14, 17

Су-шу Хуан Ши-гуна: 三, 150, 121

Суре чаргі далін де акунаха ніјамун номун: 三, 165, 125

Т

Текст и комментарии к помогающему в правлении ясному зеркалу:

二, 7, 55

Троесловие на маньчжурском и китайском языках с пояснениями：三, 15, 83; 三, 17, 84

Троесловие на маньчжурском и китайском языках：三, 21, 85; 三, 22, 86

Троесловие на маньчжурском и монгольском языках с комментариями：三, 18, 84; 三, 19, 85

Троесловие на маньчжурском и монгоньском языках с пояснениями：三, 139, 119

Троецарствие в популярном изложении：四, 28, 137

Троецарствие：四, 12, 132

Тринадцать глав трактата Сунь цзы о военном искусстве：三, 151, 122

У

Удобный обзор трех вместе：一, 126, 49

Указание важного в маньчжурском языке：一, 35, 23

Указы дайцинского императора Тайцзуна：二, 64, 73

Уложение династии Великая Цин：二, 43, 67

Уложение Палаты внешний, изданное по высочайшему повелению：二, 70, 75; 二, 71, 76

Утвержденный императором образец правильного соотношения маньчжурских и китайских слов：一, 127, 49

Утвержденные императором записки о Западных областях с текстами на соответствующих языках：一, 68, 32

Ф

Фань-и Лю ши чжэнь-янь: Переведенные увещевания касательно шести обстоятельств：三, 44, 92

Ц

Цзинь пин мэй：四, 13, 132

Цзинь Пин Мэй: Цветы сливы в золотой вазе: 四, 13, 132

Цзы чжи тун цзянь ган му: Текст и комментарий к Всеобъемлющему Зерцалу, помогающему в правлении: 二, 7, 55

Цзо Чжуань: 一, 109, 44

Цин вэнь ци-мэн: Введение в маньчжурский язык: 一, 30, 22

Цинь дин Бин бу чу-фэнь цзэ-ли: Ба ци: 二, 59, 72

Цинь дин Да Цин хуй дянь: Высочайше утвержденный Кодекс Великой Цин: 二, 31, 63

Цинь дин Мань-чжоу цзи шэнь цзи тянь дянь-ли: Высочайше утвержденная Книга маньчжурских обрядов жертвоприношений Духу и Небу: 二, 55, 71

Цинь дин Бин бу люй ин цзе-ли: Высочайше утвержденные Законы по делам Военного министерства Лагеря Зеленого знамени: 二, 61, 73

Цинь дин Цзэн-сю Чжун шу чжэн као. Люй ин: Высочайше утвержденное Дополнение к Законам центральной администрации: 二, 35, 64

Цинь дин Чжун шу чжэн као: Высочайше утвержденное Дополнение к Законам центральной администрации: 二, 36, 65

Цинь чжэн Пин-дин шо-мо фан-люэ: Стратегия усмирения пустыни под личным началом: 二, 8, 55

Цитаты выбранные из третьей книги конфуцианского пятикнижия: 一, 107, 44

Ч

Чао-бэнь Чу сюэ чжи-нань: Компас в первоначальном обучении в рукописи: 一, 116, 46

Четверокнижие переведенное по повелению императора: 一, 21, 19

Четвертая книга конфуцианского четверокнижия: 一, 112, 45

Чунь Цю переведенная по повелению императора: 一, 13, 17

Чжун-цзин на маньчжурском и китайском языках: 三, 35, 89

Ш

Шу цзин переведенный на маньчжурский язык по повелению императора: 一, 7, 15

Шэн юй гуан сюнь: Распространенное толкование императорских поучений: 三, 12, 83

Ю

Юй чжи Жи цзян Сы шу цзе и: Объяснение смысла Четверокнижия в ежедневных толкованиях, сделанных императором: 一, 18, 18

Юй чжи Фань-и Сы шу: Четверокнижие в переводе , сделанном императором: 一, 20, 19

Юй чжи Цзэн дин Цин вэнь цзянь: Книга-Дополненное и выверенное Зерцало цинского языка: изготовленное императором: 一, 74, 34

文献德文题名索引

A

Allerhöchst festgelegte Gesetze in Angelegenheiten des Kriegsministeriums：二，34，64；二，36，65

Allerhöchst festgelegte Gesetze in Sachen des Kriegsministeriums：二，61，73

Allerhöchst festgesetzter Kodex der Gesetze des Daicing Reiches：二，29，62

Allerhöchst festgelegte Kriminalgesetze des Kriegsministcriums：二，59，72

Allerhöchst sanktionierte Untersuchung des Ursprungs der Mandjuren：二，33，64

Allerhöchst festgesetzter Kodex von Vorlagen über die muselmanische Grenze：二，53，70

Allerhöchst festgelegtes Wörterbuch, das Wörter des Westgebietes identifiziert：一，68，32

Allerhöchst sanktioniertes Buch der Lieder：一，8，15；一，10，16

Allgemeine Genealogien der mandjurischen Clans und Familien der Acht

Banner：二，26，61

Allerhöchst sanktioniertes Buch der Rituale der Mandjuren：二，55，71

Alte mandjurische Ausdrüke, ausgezogen aus den kaiserlichen Regesten：一，72，34

Alte mandjurische Ausdrüke, ausgezogen aus den kaiserlichen Regesten：一，124，48

Anfangskenntnisse über die mandjurische Schrift in mandjurischer und chinesischer Sprache：一，30，22；一，32，22

Anfangskenntnisse über die mandjurische Schrift in mandjurischer und chinesischer Sprache：一，115，46

Anleitung zu Redewendungen in mandjurischer und chinesischer Sprache：一，102，43

Antwort des Kaisers auf die Erörterung der Eingaben zu Bannerangelegenheiten：二，25，61

Anzeige des Wichtigsten in der mandjurischen Sprache：一，35，23

Aufezichnungen von Gesprächen in drei Sprachen：一，36，23

Aufzeichnungen zur Klarstellung des Beginns des Daicing Reiches：二，12，57

Auf kaiserlichen Befehl verfaßter Spiegel, der in sich drei Formen der Schrift vereinigt: Mandjurisch, mongolisch und chinesisch：一，76，35

Ausgewählte Übersetzungen aus Aufzeichnungen über Ungewöhnliches im Studio des Unvermeidlichen：四，16，133

Ausgewählte Wiedergaben der mandjurischen Sprache：一，95，40

Auszug aus der Kalligraphie in mandjurischer und chinesischer Sprache in Versen：一，37，24

B

Beschreibung der Acht Banner. Erste Abteilung：二，56，71

Beschreibung der Grenzlangde in die ich gesandt wurde：二，31，63

Bestimmungen des Gesetzbuches des Daicing-Reiches, allerhöchst festgelegt: 二, 46, 68

Buch dar ū ber wie der Kaiser Taizung in der Schlacht am Kiefernberg die Truppen des Mingreiches vernichtend schlug: 二, 14, 58

Buch, das ausführlich die weisen Lehren auseinandersetzt: 三, 9, 82; 三, 11, 82; 三, 12, 83

Buch, das eine bequeme Übersicht gibt, in drei Sprachen: 一, 76, 35

Buch der Drei Reiche: 四, 12, 132

Buch der Erläuterung der Bedeutung einfacher Wörter: 三, 27, 87

Buch der Tang Prosa: 四, 15, 133

Buch der Urkunden, übersetzt auf kaiserliche Anordnung: 一, 7, 15

Buch des verborgenen Sinns der Natur und der Vernunft: 三, 7, 81

Buch der Verbreitung des allerhöchsten Beispiels : 三, 3, 80

Buch der Verbreitung des Sinns der Großen Lehre Ta hsüeh: 三, 4, 80

Buch der Zeremonien, übersetzt auf kaiserliche Anordnung: 一, 11, 16

Buch der wichtigen und nützlichen Musterbeispiele in der Politik, verfaßt vom Kaiser: 三, 2, 79

Buch kaiserlicher Ermahnungen in mandjurischer und chinesischer Sprache, jeweils zusammengestellt: 一, 105, 43; 一, 106, 44

Buch über das Westliche Han Reich: 四, 22, 135

D

Darstellung der Mondfinsternis am Tag des Vollmondes des Weißen Pferdes-17 X Doro eldengge 5 (1825): 三, 66, 98

Darstellung der Sonnenfinsternis zum Neumond des Weißen Schafes Saicungga fengšen 22 (1817): 三, 62, 97

Darstellung einer Mondfinsternisam am Tag des Vollmondes des Schwarzen Affen-17. VII. Doro eldengge 10, einem Schwaren Tiger-Jahr (1830): 三, 70, 99

Das Buch der Wandlungen, übersetzt auf kaiserliche Anordnung：一，2，13

Das herausgegebene Buch der Tsusend Zeichen：一，89，39

Das Sutra der zweiundvierzig Abschnitte, von Buddha verkünder：三，128，115

Das übersetzte Buch der Kriegsregeln von Sun tzu：三，46，93

Das Westzimmer in mandjurischer und chinesischer Sprache：四，7，131

Das Westzimmer：四，9，131

Die Kleine Lehre Das Buch der Treue：三，34，89

Der mandjurische Text ist eine Transliteration des chinesischen：三，21，85

Die Vier Bücher in mandjurischer und chinesischer Sprache：一，22，19

Der Vier Bücher, überetzt auf kaiserliche Anordnung：一，18，18

Des vollendet weisen Kaisers kuan ti kostbare Belehrungen zum Nutzen der Welt：三，45，93

Das von Buddha gesprochene Amitabha sutra. Das Herzsutra：三，127，115

Die achtzehn wichtigsten Unterweisungen bezüglich der Lehren：三，131，116

Die Hausgespräche des Konfuzius in mandjurischer Sprache：三，144，120

Die übersetzten häuslichen Ermahnungen des Chu Wen kung：三，30，88

Die übersetzte Kleine Lehre：三，32，89

Die übersetzten Regeln für Schüler：三，31，88

Die übersetzten Regeln für Schüler：三，36，90

Die übersetzten zwei Bücher der Treue und der Kindesliebe：三，33，89

E

Ergänzend festgestelltes Buch der mandjurischen Sprache：一，25，20

Ergänzende Überlieferungen über die Fürsten der Aimaks der Äußeren Mongolei in chronologischer Folge：二，29，62

Ergänzender Kodex der Gesetze des Kriegsministeriums：二，35，64

Ergänzendes Wörterbuch der mandjurischen Sprache：一，80，36；一，81，37

Erklärung des Sinns der Vier Bücher in täglichen Erläuterungen：一，17，18

Erklärung des Sinns des Buchs der Urkunden in täglichen Erläuterungen, herausgegeben auf kaiserliche Anordnung：一，4，14

Erklärung des Sinns des Büches der Wandlungen in täglichen Erläuterungen, herausgegeben auf kaiserliche Anordnung：一，1，13

Erläuterungen und Kommentare zum Dreizeichenklassiker in mandjurischer und chinesischer Sprache：三，15，83；三，17，84

Erläuterungen und Kommentare zum Dreizeichenklassiker in mandjurischer und mongolischer Sprache：三，16，84；三，18，84

F

Festegelegte Ausdrücke der Sechs Ministerien：一，84，37；一，86，38；一，87，38；一，88，38

Feststehende Redensarten aus den Klassikern in mandjurischer und chinesischer：一，51，28

Frühling und Herbst, übersetzt auf kaiserliche Anordnung：一，12，16

G

Gedicht über Mukden, vom Kaiser verfaßt：四，5，130

Geschichte des Reiches Chin：二，1，53

Geschichte des Großen Liao Reiches：二，2，53

Geschichte des Großen Reiches Yüan：二，3，54

Geschichte von Chin, Ping und Mei：四，13，132

Geschichte von Yü, Chiao und Li：四，29，137

Gesetze über das Fangen von Flüchtlingen：二，45，67

Gespräche bei der Lektüre der Geschichte：二，62，73

L

Lied des Wang Chung shu über acht Verbote, die zur Kindesliebe aufrufen：三，41，91

H

Hsü Chen chüns Aufzeichnungen im Jaspispavillon：三，153，122

K

Kalender für das 8. Jahr Doro eldengge des Großen Ching Reiches (1828)：三，69，99

Kalender für das 9. JahrBadarangga doro des Großen Ching Reiches (1883)：三，76，101

Kalender für das 11. Jahr Doro eldengge des Großen Ching Reiches (1831)：三，71，99

Kalender für das 14. Jahr Doro eldengge des Großen Ching Reiches (1834)：三，74，100

Kalender für das 20. Jahr Doro eldengge des Großen Ching Reiches (1832)：三，73，100

Kalender Längen und Breiten der sieben Planeten für das 8. Jahr Doro eldengge des Großen Ching Reiches (1831)：三，72，100

Kaiserliche Erlasse an die Acht Banner：二，23，60

Kaiser vorgenommene Erörterung der Berichte zu Bannerangelegenheiten：二，24，61

Kompaß der mogolischen Philogie：一，101，42

Kodex der Reime desselben Schriften, auf kaiserlichen Befehl verfaßt：一，42，25

Kompaß für den Anfangsunterricht：一，34，23

M

Mandjurische und chinesische Schriften, angeordnet nach Kategorien：一，43，25

Meer der mandjurisch chinesischen Schriften：一，82，37

Mongolische Strafgesetze：二，49，69

Muster der mandjurischen Sprache：一，90，39

Muster der mandjurischen Sprache: 一, 128, 49

N

Neue Beschreibung des Berges Ching liang shan, angefertigt auf kaiserlichen Befehl: 二, 30, 63

S

Sammlung der wichtigsten geflügelten Worte: 三, 82, 103

Sammlung des Wichtigen in der Beamtenverwaltung: 二, 38, 65; 二, 40, 66; 二, 41, 66

Sammlung des Wichtigen in der Beamtenverwaltung in drei Sprachen: 二, 39, 65

Sammlung täglicher Gespräche: 三, 137, 118

Sammlung von Aussprüchen bedeutender Weiser, jeweils in drei Sprachen zusammengestellt: 三, 40, 91

Sammlung von Berichten des loyalen und aufrechten Fan Kung: 四, 4, 130

Sammlung von Gesetzen über militärische Waffen: 二, 51, 69

Sammlung von Kommentaren zu den Vier Büchern: 一, 23, 20

Sammlung von Kommentaren zum Buche der Kindesliebe: 一, 16, 18

Sammlung von Kommentaren zur Kleinen Lehre: 三, 14, 83

Sieben Ermahnungen, die man laut lesen muß: 三, 24, 86; 三, 25, 86

Sprache, herausgegeben auf kaiserlichen Befehl: 一, 75, 35

Spiegel, der in sich vier Schriftformen vereinigt: 一, 99, 42

Spiegel der mandjurischen Sprache, zusammengestellt auf kaiserlichen Begehl: 一, 48, 27

Spiegel der mandjurischen Sprache Drei auf einen Streich: 一, 58, 30

Spiegel der mandjurischen Sprache Drei auf einen Streich: 一, 122, 48

Spiegel der mandjurischen Sprache, erweitert und revidiert, zusammengestellt auf kaiserlichen Begehl: 一, 74, 34

Spiegel der mandjurischen und mongolischen Sprache: 一, 57, 29

Strafgesetze des Dicing Reiches：二，69，75

Strategische Pläne zur Befriedung der Dsungarei：二，10，56

Strategische Pläne zur Befriedung der Länder Zanla und Cucin：二，11，57

Strategische Pläne zur Befriedung des Nordwestens, verfaßt auf kaiserlichen
Befehl：二，9，56

T

Tausend Buddhanamen des glücklichen Kalpa：三，84，103

Text und Kommentare zum Klaren Spiegel zur Hilfe bei der Regiertung：
二，7，55

V

Vereinigung der Wörter in der mandjurischen Sprache：一，38，24

Vokale und Konsonanten, vereinigt in mandjurischer, chinesischer,
mongolischer und tibetischer：一，75，35

Vollständige Beschreibung aller Knochen：三，158，123

Vollständiges Buch des Daicing Reiches：一，44，26

Vollständiges Muster der mandjurischen Sprache：一，130，50

Vollständiges Wörterbuch der mongolischen Sprache：一，98，41

Vom Kaiser gemachte Aufzeichnungen im Sommerpalast in einem
Bergdorfe：四，3，130

Vom Kaiser geschriebene wichtige Worte, die zum Guten ermahnen：三，1，79

W

Weise Lehren des Vollkommenen Kaisers Jeo tsung des Großen Ching
Reiches：二，21，60

Weise Lehren des Vollkommenen Kaisers Kao tsung des Großen Ching
Reiches：二，20，59

Weise Lehren der fünf Kaiser in mandjurischer Sprache：二，22，60

Wichtige Lehren des Ming Kaisers Hung wu in mandjurischer Sprache：
二，15，58

Wichtige Worte, die die Welt aufwecken：三, 142, 120

Wichtige Worte, die die Welt aufwecken, Buch für Mädchen：三, 143,
120

Wörterbuch der mandjurischen Sprache：一, 60, 30; 一, 61, 31; 一,
62, 31; 一, 63, 31; 一, 64, 31

Ü

Überlieferungen über die Fürsten der Aimaks der Äußeren Mongolei in
chronologischer Folge：二, 28, 62

Überlieferungen über die Großtaten der Fürsten der herrschenden Familie
in chronologischer Folge：二, 27, 62

Übersetzte Kategorien：一, 59, 30

Übersetzte wichtige Worte, die die Welt aufwecken：三, 37, 90

文献相关人名索引

A

阿敦：一，45，26；一，46，26

阿桂：一，76，35；二，11，57；二，12，57；二，33，64；二，35，64；二，37，65

阿什坛：三，80，102

B

巴梁：三，129，116

白晋：三，158，123；三，160，124

博赫：一，41，25；三，24，86；三，25，86；三，145，120

C

长寿：一，104，43

常钧：一，70，33

陈飞：三，77，101；三，78，101

陈名夏：二，32，63

陈世熙：四，15，133

陈廷敬：一，18，18；一，19，18

陈选：三，14，83；三，146，120

程登吉：三，28，87；三，29，88

程明远：一，30，22；一，31，22；一，32，22；一，33，23；一，113，45；一，114，46；一，115，46

程颐：一，2，13

D

达海：一，14，17；一，17，18；三，150，121

戴毅：一，29，21

戴圣：一，11，16；一，12，16

党崇雅：三，1，79

德保：三，30，88

董诰：二，51，69

杜诏：二，62，73

E

鄂尔泰：一，20，19；一，21，19；一，22，19；二，26，61；二，47，68；二，50，69；二，56，71；二，59，72；二，63，73；二，73，76

F

法海：三，133，117

法克精额：一，81，37

范承谟：四，4，130

冯梦龙：四，21，135

冯普：二，57，71

福勒洪阿：一，98，41

福隆安：二，34，64；二，61，73

傅达礼：一，47，27；一，48，27；三，4，80

傅尔汗：三，16，84；三，18，84；三，19，85

傅恒：一，68，32；一，74，34；一，125，48；二，10，56；四，5，130

富俊：一，34，23；一，35，23；一，36，23；一，40，25；一，77，35；一，78，36；一，79，36；一，116，46；一，126，49；三，16，84；三，

19，85；三，139，119；三，155，123；三，156，123；三，157，123

　　富鲁公：三，26，87

　　富明安：三，26，87

　　G

　　噶勒桑：三，41，91

　　刚林：二，57，71；二，16，58

　　高鹗：二，38，65；二，39，65；二，40，66；二，41，66

　　高攀龙：三，5，80；三，136，118

　　格桑：二，11，57

　　龚廷贤：三，159，124

　　古巴岱：三，14，83；三，146，120

　　瓜尔佳巴尼珲：一，82，37

　　观复：三，36，90

　　冠景：一，59，30

　　郭居敬：三，23，86；三，140，119

　　H

　　海清阿：二，71，76

　　和素：二，7，55；三，37，90；三，79，101；三，142，120；三，143，120；三，150，121

　　洪吉拉特：三，129，116

　　洪应明：三，79，101

　　厚安：一，132，50

　　黄机：二，42，66

　　J

　　将军容公大人：一，73，34

　　敬斋：一，77，35；一，78，36；一，79，36；一，126，49；二，62，73

　　敬轩：一，116，46

K

孔子：一，13，17；一，14，17；一，17，18

库勒纳：一，3，14；一，4，14

揆叙：四，3，130；四，18，134

L

拉锡：一，49，27；一，57，29

喇萨里：一，18，18；一，19，18

来保：二，36，65

兰陵笑笑生：四，13，132；四，20，135

李光地：三，7，81；三，8，81

李铉：一，98，41

李鉴：一，29，21

李延基：一，60，30；一，61，31；一，62，31；一：63，31；一，64，31；一，65，32；一，66，32；一，67，32

李子潜：三，36，90

利波夫措夫：三，134，117；三，135，118；三，166，125；三，167，126；三，168，126

栗毓美：三，37，90

刘顺：三，77，101；三，78，101；四，6，130；三，154，122

罗卜藏丹巴：二，30，63

罗贯中：四，12，132；四，28，137

吕得胜：三，31，88

吕坤：三，37，90；三，142，120；三，143，120

M

马齐：一，47，27；一，48，27；二，56，71

马融：三，34，89；三，35，89

孟保：二，39，65；三，32，89；三，33，89；三，37，90；三，44，92；四，2，129

明昌：一，129，49

明铎：一，52，28；一，53，28；一，54，29；一，55，29；一，121，47

穆彰阿：二，29，62

N

南轩：二，7，55

牛钮：一，1，13

P

潘荣：三，80，102

佩和：一，30，22；一，31，22；一，32，22；一，33，23；一，113，45；一，114，46；一，115，46

朴山：一，38，24

蒲松龄：四，16，133

Q

祁充格：四，12，132；四，28，137

耆英：三，46，93

庆桂：二，28，62

秋芳堂主人：一，90，39；一，91，39；一，92，40；一，128，49

S

赛尚阿：一，76，35；一，101，42；二，52，70；二，53，70；二，71，76

桑额：一，43，25；三，47，93

桑格：一，45，26；一，46，26

莎罗奔：二，11，57

商洛：二，7，55

沈启亮：一，44，26

沈潜：一，29，21

沈崙：四，3，130；四，18，134

盛冠宝：三，16，84；三，18，84；三，19，85

施耐庵：四，37，139；四，38，140；四，39，140

石汉：二，32，63

松水：二，71，76

松筠：三，155，123；三，156，123；三，157，123

嵩洛峰：一，38，24

宋濂：二，3，54

孙武：三，46，93；三，47，93

索诺木：二，11，57

T

谭泰：二，32，63

桃源居士：四，15，133

天花藏主人：四，29，137；四，30，138；四，40，140

通瑞：二，38，65；二，39，65；二，40，66；二，41，66

图里琛：二，31，63；二，65，74

屯图：一，58，30；一，122，48

托津：二，54，70；二，70，75

脱脱：二，1，53；二，2，53

W

王实甫：四，6，130；四，7，131；四，8，131；四，9，131；四，10，132；四，11，132

王世贞：二，5，54；二，6，55

王祎：二，3，54

王应麟：三，15，83；三，16，84；三，17，84；三，18，84；三，19，85；三，20，85；三，21，85；三，22，86；三，139，119

王中书：三，41，91

惟德·陶格：三，15，83；三，16，84；三，17，84；三，18，84；三，19，85；三，20，85；三，21，85；三，22，86；三，139，119

温达：二，8，55；二，9，56

文夔：一，89，39

吴承恩：四，24，136；四，25，136；四，26，136；四，27，137

吴起：三，47，93

伍尔泰：一，129，49

舞格：一，30，22；一，31，22；一，32，22；一，33，23；一，113，45；一，114，46；一，115，46

X

希福：二，1，53；二，2，53；二，3，54；二，63，73

溪霞：一，51，28

禧恩：三，31，88

馨泰：三，16，84

徐本：二，45，67；二，48，68；二，58，72；二，60，72；二，69，75

徐隆泰：一，37，24；一，38，24

徐乾学：四，1，129；四，17，134

徐桐：三，36，90

许逊：三，153，122

宣宗：二，21，60

薛瑄：三，6，81

Y

叶方蔼：一，3，14

叶玉屏：三，44，92

伊桑阿：二，43，67；二，46，68

宜兴：一，80，36；一，81，37；三，27，87

余邵鱼：四，31，138；四，32，138；四，33，139；四，34，139；四，35，139；四，36，139

英俊：三，16，84；三，19，85

永璘：二，52，70；二，53，70

永瑢：三，85，104；三，86，104；三，87，104；三，88，104；三，89，105；三，90，105；三，91，105；三，92，106；三，93，106；三，94，106；三，95，106；三，96，107；三，97，107；三，98，107；三，99，108；三，100，108；三，101，108；三，102，108；三，103，109；三，

104, 109; 三, 105, 109; 三, 106, 109; 三, 107, 110; 三, 108, 110; 三, 109, 110; 三, 110, 111; 三, 111, 111; 三, 112, 111; 三, 117, 112; 三, 132, 117

裕彰: 一, 93, 40; 一, 94, 40; 一, 98, 41; 一, 130, 50

允禄: 一, 42, 25; 二, 23, 60; 二, 24, 61; 二, 25, 61; 二, 55, 71; 二, 72, 76

允秘: 二, 27, 62

允陶: 二, 44, 67

Z

查郎阿: 一, 104, 43

扎克丹: 四, 16, 133

张商英: 三, 150, 121

张天祁: 三, 77, 101; 三, 78, 101

章嘉呼图克图: 一, 75, 35; 三, 84, 103

赵师渊: 二, 7, 55

真德秀: 三, 4, 80

甄伟: 四, 22, 135; 四, 23, 135

智信: 一, 36, 23; 一, 39, 24

周兴嗣: 一, 93, 40; 一, 94, 40; 一, 130, 50

周祖荣: 一, 59, 30

朱潮远: 三, 26, 87

朱文方: 一, 42, 25; 三, 36, 90

朱熹: 一, 2, 13; 一, 8, 15; 一, 9, 16; 一, 10, 16; 一, 20, 19; 一, 21, 19; 一, 22, 19; 一, 23, 20; 一, 24, 20; 一, 25, 20; 一, 26, 20; 一, 27, 21; 二, 7, 55; 三, 5, 80; 三, 14, 83; 三, 32, 89; 三, 136, 118; 三, 146, 120

邹圣脉: 三, 28, 87; 三, 29, 88

左丘明: 一, 108, 44; 一, 109, 44

文献出版机构索引

E

二南堂：三，17，84

二酉堂：一，32，22

H

宏文阁：一，53，28

护国寺：三，40，91

槐荫山坊：一，85，38

J

江南驻防衙门：一，82，37

京都博古圣经堂：一，22，19

京都博古堂：三，10，82

京都聚珍堂：三，12，83

京都琉璃厂炳蔚堂：一，23，20

京都琉璃厂文光堂：一，25，20

京都三槐堂：一，20，19；一，30，22；一，38，24；二，40，66；二，62，73；三，18，84；三，44，92

京都西二酉堂：三，16，84

京都永魁斋：一，90，39

京口官学：一，73，34；一，105，43；三，29，88

敬修堂：三，22，86；三，39，91

静宜斋：一，58，30

九耐堂：二，31，63

聚星堂：一，87，38；三，25，86；四，2，129

聚珍堂：一，21，19；一，93，40；一，95，40；一，97，41；二，41，66；三，31，88；三，46，93

L

老二酉堂：一，83，37

M

名德堂：一，96，41

名贵堂：一，78，36

墨华堂：三，8，81

N

内府：一，1，13；一，3，14；一，8，15；一，15，17；一，18，18；二，1，53；二，2，53；二，3，54；二，43，67；三，4，80；三，11，82；三，85，104；三，86，104；三，87，104；三，88，104；三，89，105；三，90，105；三，91，105；三，92，106；三，93，106；三，94，106；三，95，106；三，96，107；三，97，107；三，98，107；三，99，108；三，100，108；三，101，108；三，102，108；三，103，109；三，104，109；三，106，109；三，107，110；三，108，110；三，109，110；三，110，111；三，111，111；三，112，111；三，117，112；三，132，117；四，1，129；四，3，130

Q

骑河楼：一，52，28

钦天监：三，48，94；三，49，94；三，50，94；三，51，94；三，52，95；三，53，95；三，54，95；三，55，95；三，56，96；三，57，

96；三，58，96；三，59，96；三，60，97；三，61，97；三，62，97；三，63，97；三，64，98；三，65，98；三，66，98；三，67，98；三，68，99；三，69，99；三，70，99；三，71，99；三，72，100；三，73，100；三，74，100；三，75，100；三，76，101

庆敬斋：一，77，35

秋芳堂：一，91，39

R

瑞锦堂：一，5，14

S

三槐堂：一，35，23；一，40，25；一，61，31；三，9，82；三，32，89

三义堂：一，44，26

三益堂：三，24，86

邵衣堂：一，34，23；一，77，35

双峰阁：一，62，31；一，67，32；一，79，36

四合堂：一，60，30；一，66，32

T

天绘阁：一，24，20；一，45，26；三，30，88；三，47，93

听松楼：一，9，16；一，46，26；三，77，101；三，78，101

W

文宝堂：一，37，24

文萃堂：一，94，40

文瑞堂：一，54，29

文盛堂：一，7，15；一，33，23；一，86，38；四，8，131

文英堂：一，88，38

文渊堂：一，59，30；一，92，40

五云堂：一，36，23；一，51，28；三，19，85

武英殿：一，2，13；一，4，14；一，6，15；一，10，16；一，11，

16；一，13，17；一，42，25；一，47，27；一，49，27；一，57，29；一，68，32；一，74，34；一，75，35；一，76，35；一，98，41；一，100，42；二，7，55；二，8，55；二，9，56；二，10，56；二，11，57；二，12，57；二，17，58；二，19，59；二，20，59；二，21，60；二，26，61；二，29，62；二，35，64；二，42，66；二，44，67；二，45，67；二，47，68；二，48，68；二，55，71；二，56，71；二，57，71；三，6，81；三，7，81；三，14，83；三，37，90；四，5，130

X

西二酉堂：三，28，87

小酉堂：一，84，37

Y

英华堂：一，63，31；一，64，31；三，15，83

永魁斋：一，32，22

Z

中和堂：一，31，22；一，55，29；一，65，32

主善斋：三，13，83

后记

本书是在博士学位论文《俄罗斯满文文献典藏研究》基础上完成的，在修改过程中删除了满文文献史料价值及其流传海外的历史背景部分，而另有他作。书稿付梓之际，特向导师李先耕先生表示衷心感谢。学生生性顽钝，好读书却不求甚解，承蒙先生不弃，收入门下，悉心栽培。著名满文学家吴元丰先生，时常关照指导学生的学习与科研工作。两位先生学识渊博，治学严谨，在欣然作序的同时仍期待学生下一步研究成果。

2015 年，幸得著名西夏学家聂鸿音先生推荐，赴俄罗斯科学院东方文献研究所调研学习，不仅开拓了视野，亦逐步确定了海外满文文献研究的方向。聂鸿音先生待人谦和，与我亦师亦友，在学术领域的认真与执着使我受益终生。学生已年近不惑，然才疏学浅，在完成小书过程中时感杯水车薪，幸蒙杜泽逊、阎国栋、庞晓梅、波波娃、李嵬、孙伯君、关辛秋、李雄飞和吴雪娟等先生不弃谫陋，指点迷津，提供帮助，我获益良多。

小书虽参考大量前贤论著，但亦会有许多舛误，也许某些提法尚缺乏完备的论证，也许某些内容论述得极为简陋，但它确实是学生思考的结果。敬请诸位师长、学友批评指正。